JURO QUE COMI

JURO QUE COMI

um inventário afetivo
do paladar
mundo afora

escrito por **Jussara Voss**
ilustrado por **Raro de Oliveira**

telaranha

© Jussara Voss, 2024

Organização Julie Fank
Ilustrações Raro de Oliveira
Coordenação editorial Bárbara Tanaka e Guilherme Conde Moura Pereira
Assistente editorial Juliana Sehn
Projeto gráfico e diagramação Bárbara Tanaka
Preparação de texto Bárbara Tanaka e Julie Fank
Revisão Guilherme Conde Moura Pereira e Juliana Sehn
Comunicação Hiago Rizzi
Produção Letícia Delgado, Lucas Tanaka e Raul K. Souza

Dados Internacionais de Catalogação na Publicação (CIP)
Bibliotecário responsável: Henrique Ramos Baldisserotto – CRB 10/2737

V969j   Voss, Jussara
           Juro que comi: um inventário afetivo do paladar mundo afora / Jussara Voss; ilustração Raro de Oliveira. – 1. ed. – Curitiba, PR: Telaranha, 2024.

           264 p. : il.

           ISBN 978-65-85830-09-6

           1. Gastronomia 2. Descrições e viagens 3. Crônica brasileira I. Oliveira de, Raro II. Título.

                                                                   CDD: 641.5

Índices para catálogo sistemático:
1. Gastronomia 641.5

Direitos reservados à
TELARANHA EDIÇÕES
Rua Ébano Pereira, 269 – Centro
Curitiba/PR – 80410-240
(41) 3220-7365 | contato@telaranha.com.br
www.telaranha.com.br

Impresso no Brasil
Feito o depósito legal

1ª edição
Outubro de 2024

Para Romildo Voss Jr.

"Queridos leitores, rogo a Deus que lhes resguarde o apetite, o estômago – e os poupe de fazer literatura..."

Alexandre Dumas

SUMÁRIO

Prefácio | por Josimar Melo, **11**

Quem é que jura que comeu?, 15
Por que comi?, **17**
Onde é que juro que comi?, **23**

Espanha, **25**
França, **53**
Itália, **79**
Portugal, **99**
Inglaterra, **121**
Holanda, **133**
Suécia, **141**
Dinamarca, **151**
Brasil, **161**
Peru, **165**
Argentina, **177**
Chile, **185**
México, **191**
Estados Unidos, **199**
Austrália, **219**
Índia, **231**
Israel, **237**

Juro que vou, 249

Posfácio | por Rosa Moraes, **251**

A quem agradeço?, **255**
Índice de restaurantes, **257**

PREFÁCIO

por **Josimar Melo**

Relatos de viagens têm povoado a literatura universal desde sempre. Sejam descrições acuradas, sejam passeios ficcionais, eles alimentam sonhos e fantasias, além de municiar de informações aqueles que não puderam estar lá. Marco Polo descortinou todo um novo mundo para os europeus que mal conseguiam fantasiar os hábitos que descobriram no Oriente ao ler as narrativas das suas viagens à Ásia em *As viagens de Marco Polo*. Charles Darwin mudou a forma como o mundo enxergava a história da natureza a partir do seu relato da expedição que resultou no livro *A viagem do Beagle*. Goethe descortinou um outro lado de um conhecido país ao mesclar experiências vividas com reflexões no livro *Viagem à Itália*. Mesmo no terreno da ficção, as viagens encheram os olhos e a imaginação de leitores. Basta lembrar da *Odisseia* de Homero, sobre as aventuras de Ulisses em sua volta para casa após a Guerra de Troia, enfrentando seres sobrenaturais. Ou a viagem imaginária descrita por Júlio Verne em livros como *A volta ao mundo em 80 dias*. Ou a sátira *As viagens de Gulliver*, de Jonathan Swift.

Em muitas dessas obras, a comida aparece, mas como acessório. Em livros mais contemporâneos, porém, a gastronomia passa a ser protagonista do enredo, o motor das viagens ou das lembranças, como no delicioso *An Omelette and a Glass of Wine*, em que a inglesa Elizabeth David situa, especialmente na França e na Itália, memórias e aprendizados de cozinha; ou na provocativa obra do americano Anthony Bourdain, que transformava em livros suas viagens pelo mundo, como *Volta ao mundo: um guia irreverente*.

Neste *Juro que comi*, Jussara Voss vai diretamente ao ponto. Não é exatamente um livro de viagens, já que os destinos não são países ou regiões: são os restaurantes, que, por acaso, estão espalhados pelo mundo — o que não atrapalhou em nada sua curiosidade obstinada. Tantas vezes a encontrei em aviões, hotéis, além de mesas (algumas dificílimas de conseguir), sempre movida pelo interesse genuíno em conhecer o melhor da arte culinária e das culturas que a geram por toda parte.

Além disso, as experiências viravam textos (aqui reunidos). Jussara não buscava um prazer solitário, sempre o dividiu com seus leitores, cúmplices também de seu empenho em contribuir para um mundo onde a comida represente o melhor do ser humano. E assim desfilam pelo livro obras de arte de grandes mestres da gastronomia cujo ofício ela testemunhou — entre eles, chefs que foram ou são considerados os melhores do mundo —, mas também pequenos lugares e espertos achados. Muitas vezes, as pessoas viajam por diferentes razões e terminam, no caminho, conhecendo restaurantes e gastronomias. Jussara, no mais das vezes, fez o caminho inverso: ao viajar para comer, terminou, por consequência, abraçando o mundo.

Josimar Melo é jornalista de gastronomia na *Folha de S.Paulo* e curador de conteúdo do canal de TV Sabor&Arte. Tem vários livros publicados e organizou, em 2004, o júri da América do Sul do prêmio *World's 50 Best Restaurants*, que presidiu na região por 17 anos.

QUEM É QUE JURA QUE COMEU?

Dei muitas voltas para chegar até aqui. Como economista, tratei logo de encontrar outros caminhos. Comecei a voar com uma especialização em Informação Tecnológica. Comunicação Social e Jornalismo Científico vieram depois. Antes, arrisquei ser um pouco estilista. O olhar para o futuro me levou à gastronomia.

Formada em Jornalismo, fui assessora de imprensa, pauteira e roteirista na televisão, além de jornalista *freelancer*. Com a psicanálise, comecei a aceitar minha história e a ser mais feliz como blogueira, curadora de eventos de gastronomia e coordenadora de projetos.

A virada de carreira veio em 2007 com um blog. A partir daí, nas férias e feriados prolongados, as viagens foram obsessivas – era preciso conhecer restaurantes pelo mundo e frequentar os congressos de gastronomia; eu não tinha ideia de que existiam.

Assinar colunas em revistas e entrevistar chefs famosos virou rotina. Eu sentia a necessidade de contar tudo o que acontecia nesse mundo e mudar a realidade de uma gastronomia local, que penso ser feita quase apenas de cópias. Assim, surgiu a ideia de um projeto apresentado para o governo do Estado: o Gastronomia Paraná. A gastronomia paranaense ganhou força – uma semente regada com dedicação. Sonhei com mudanças, sonhei com dar mais sentido às viagens.

Mantive por alguns anos uma coluna na revista *Ideias*, do escritor, jornalista e editor Fábio Campana (*in memoriam*). Depois, assinei meu trabalho na coluna "Sabores do Mundo" para o caderno *Bom Gourmet*, da *Gazeta do Povo*. Sigo na intenção de desbravar o mundo e o narro para dar sentido.

POR QUE COMI?

Comecei como quem tece uma teia. Não sabia aonde chegaria a partir desse lento trabalho. Queria um propósito. Sem querer, busquei a emoção como matéria-prima – uma tentativa, descobri, de sobreviver às faltas e de escapar do jogo entre prazer e memória. Pode parecer esquisitice falar sobre isso em um livro sobre comida, mas não consigo evitar. A teia ficou enorme e dela saíram ramificações, me soltei numa coreografia com coragem para me sentir viva.

Se olho para trás, nem acredito no caminho. Temi críticas numa seara em que a unanimidade é quase impossível. Avisaram-me: "Nunca indique um restaurante!". Desafiei o conselho. Saí em busca de um sabor inesquecível que me trouxesse recordações. Com as viagens, passei a me lembrar de detalhes.

Queria os pés nesse mundo enorme e desconhecido – a sede era de conhecimento. Tentei me equilibrar na esfera redonda, e a felicidade me tragou. Encasquetei que tinha de ser plena, me servi com requintes de rainha, porém plebeia. Meu paladar foi pedindo cada vez mais. Minha sina: perseguir cozinheiros geniais. Saí quase ilesa dessa maratona, fora algumas vezes, uma delas no retorno de Londres, quando passei o tempo todo da viagem no banheiro. Nem sempre é bom. Em outra, com a porta do quarto sendo arrombada, o suspense aumentado por estar sozinha em um pequeno hotel em uma das ruelas escuras da cidade velha de Barcelona.

Caneta e papel me fazem companhia desde o tempo da saia curta do uniforme escolar, mas assim, em público? Avessa a badalações, ainda gosto de imaginar que ninguém vai ler. E isso não tem explicação. Revelo-me nas escolhas, nas linhas e entrelinhas, sei disso. Alguns dos textos selecionados são de colunas ou de matérias em revistas de Curitiba e de São Paulo, reescritos e atualizados. Quero narrar como foi a busca pela refeição perfeita. Com certeza, aparece minha paixão. Tentei traduzir os momentos únicos à mesa. Uma angústia. Isolei-me em mesas, entre pratos e copos, comi e depois sofri para encontrar palavras na missão de descrever. Entrego o que eu senti respingado de detalhes.

Não sou uma crítica de gastronomia, uma vez que para tal deveria seguir um roteiro de avaliação em todas as refeições, necessariamente visitar o restaurante no mínimo três vezes seguidas. O que tentei fazer foi estar incógnita e sempre pagar a conta, o que às vezes não aconteceu, apesar de ter comido quase uma poupança inteira. Levei a sério o ofício. Formei meu paladar comendo. Acredito que é assim que se deve fazer. Explorei e julguei o que pude, com a intenção de valorizar quem merece e despertar o desejo no leitor de conhecer endereços que justifiquem até desviar a rota. Mantive textos sobre alguns restaurantes já fechados cujos chefs vale a pena observar. Após o périplo, a fórmula do menu degustação por vezes parece desgastada, minha preferência recai em refeições mais simples, restaurantes idem.

Desconfiei de uma revolução e fui escarafunchar o que estava acontecendo no mundo. Hoje, os blogs foram substituídos pelas redes sociais. Foi embora também o tempo em que o cozinheiro escondia suas receitas, entrou em pauta a exibição das descobertas e das novas técnicas – torna-se preciso mostrar nos eventos de gastronomia como ser criativo. Além dos guias, principalmente o Michelin, nasceu um prêmio que deu o que falar e, claro, jogou luz e sucesso a qualquer estabelecimento que entrasse no *ranking*: o *The World's 50 Best Restaurants*. Tomava fôlego o turismo de experiência. Acendeu como pólvora e virou bússola para quem, como eu, andava atrás da melhor comida e de entender mais esse universo. Percebi ser possível dar visibilidade ao nosso estado pela gastronomia, daí a origem do projeto Gastronomia Paraná. Durante alguns anos, entre idas e vindas, a iniciativa uniu chefs, pesquisadores e imprensa especializada para pensar a valorização de produtos e produtores locais, assim como receitas tradicionais, além de promover eventos de reflexão e formação de profissionais.

Atualmente, jornalistas especializados, influenciadores ou criadores de conteúdo – é a vez deles desde 2019 – e *foodies* – aqueles que viajam para descobrir lugares cuja rota compensa desviar só para serem destino – são cada vez mais consultados. Os guias impressos perderam a importância. Os críticos quase não existem mais, ao menos no Brasil. A internet mandou embora também o anonimato. Os cadernos de gastronomia diminuíram de tamanho – isso quando não foram extintos – e, com a crise editorial, a rendição à publicidade foi inevitável. Algumas revistas são exceção: a *Prazeres da Mesa*, a *Veja* e a *Gula*. Hoje, qualquer pessoa pode fotografar a comida nos restaurantes, emitir um parecer e lançar nas redes sociais, às vezes com muito barulho causado por críticas ácidas ou com pouco critério. Por outro lado, chefs passaram a fazer propaganda de suas carreiras e conseguir atenção da mídia e do público, uma fórmula para fazer sucesso e lotar seus restaurantes ou alavancar seus negócios. *Rankings* começaram a ser questionados e criticados.

A pandemia da covid-19 freou viagens, mas a comida manteve o status já alcançado e, definitivamente, a cozinha voltou para a sala de estar, levando junto o produtor. Hoje, temos a obrigação de tentar comer melhor e pensar no que representa esse ato. Os alimentos orgânicos e de origem são estrelas. Os movimentos da década de 1960 ganharam força, porque a industrialização na gastronomia nos afastou por muito tempo da qualidade. Redescobrimos sua importância para o sabor de um prato. Escolas de gastronomia brotaram em todos os cantos. Problemas como a poluição dos mares, o efeito estufa e o aquecimento global infiltraram-se nas discussões. É um caminho sem volta.

Preciso avisar que tento escapar do inevitável deslumbramento – "uma tentação arrastante para fixar importância no que preferimos – *fortis imaginatio generat casum*", aprendi com Luís Câmara Cascudo, pois descrevo com paixão. Saliento que em um restaurante que serve *à la carte* – que tem um cardápio – e também menu degustação, a segunda opção, mais completa, é sempre a que nos possibilita avaliar a cozinha do chef. É fundamental ir sem expectativas e prestar atenção na comida, o que, em uma mesa com mais de quatro pessoas, será impossível. A distração atrapalha o julgamento – lição do chef espanhol Albert Adrià.

Para desfrutar de um banquete, e isso pode significar apenas degustar um sanduíche bem-preparado, é preciso aceitar a existência de uma cultura local diferente da nossa. Aprendi que é preciso diversificar o que se come e tomar distância do julgamento baseado apenas nos sabores conhecidos – a repugnância por algum alimento pode excluir uma boa descoberta quando vamos experimentar a culinária de outros povos. Há necessidade de ampliar o repertório gustativo, mesmo que exija vencer um obstáculo, às vezes nem tão fácil. Existem limites, é claro.

As descrições das refeições são apresentadas em textos de tamanhos variados. Isso não reflete a importância ou predileção pelo estabelecimento, e sim a limitação de espaço imposta pelo veículo onde o texto foi publicado. Com sofrimento, confesso, iam lá poucas linhas. Também não consta data e veículo, já que foram reescritos e atualizados ou são inéditos. Na organização deste material, sonhei que repetia essas experiências e, quando percebi, havia uma mala pronta, agora com bem mais questionamentos. O estilo da escrita também foi mudando – a maioria dos textos de Lisboa, uma das últimas viagens, comprova isso. Na cidade, ainda testemunhei o frescor de uma gastronomia simplificada, local, com o olhar aos vegetais, mais acessível e saborosa.

Num mundo em que milhões de pessoas passam fome, pode soar ridículo falar em formação do paladar, mas insisto no tema. Dois pontos são fundamentais para a gastronomia de um lugar avançar: erradicar a fome e ensinar a comer. Menciono ainda o desafio da produção de alimentos e do consumo relacionados à necessidade de regenerar o planeta, de encontrar nossa identidade, de valorizar a agricultura familiar, da crise da chamada alta-gastronomia, da exploração de trabalhadores e da relação do que se come com a saúde. A busca do melhor sabor puxou esse fio que não se esgota nessas histórias. A teia é enorme e não está aparente à mesa.

Por essa e outras questões, várias vezes me perguntei se precisava mesmo escrever este livro. A necessidade de narrar venceu. Alguma coisa me empurrou e aqui estamos. Acho pouco. Quero laçar leitores logo. Sei que podem não passar daqui. Penso em algum artifício que os faça esquecer qualquer outra coisa e ir em frente na leitura. Então, digo que pode ser um caminho de prazer: folheie embaixo de uma árvore, se puder; compre uma madeleine, uma cocada, um *cannelé* ou o doce de sua preferência para acompanhar a leitura. Um queijo, quem sabe. Melhor ainda com uma taça de champanhe, ou a bebida de sua preferência. Água, sempre. Não é romance. Tampouco ficção. Muito menos um guia, mas pode ser também, depende da fome. Comi mesmo, apesar de me perguntarem como, pois não acumulei quilos. Primeiro, como com os olhos, degusto, deixo de lado se não é o que promete, se exagero, em seguida, puxo o freio, fujo do excesso e retorno à mesa com cautela. O corpo se alegra.

ONDE É QUE JURO QUE COMI?

Começa aqui a seleção de lugares pelo mundo nos quais meu coração disparou e a boca salivou, ou naqueles em que simplesmente encontrei uma comida bem-preparada que despertou o desejo de repetir. Há refeições inesquecíveis – estas podem provocar prazer, alegria, espanto, atrair pela novidade ou pelos sabores. De uma coisa tenho certeza: quando o ingrediente – seja do campo, seja do mar – está próximo da cozinha, as chances de impressionar aumentam.

Depois de tanto tempo atrás da melhor refeição, inverti a busca. Isso ficou evidente nos dois últimos países visitados, Portugal e Israel. Comida bem-feita, simples e saudável virou prioridade. Impossível não lembrar de Alain Ducasse. Em uma entrevista sobre seu empreendimento no Hotel Plaza Athénée, definido como *au naturel,* quase uma cozinha vegetariana ao estilo budista *shojin,* o chef disse que "alimentar-se de uma maneira mais saudável é uma expectativa e uma necessidade que devem ser implementadas à alta-culinária". Infelizmente, esse restaurante fechou. Eu insisto nessa linha como um sinal do futuro da alimentação: local, orgânica, étnica, sustentável e sem preços exorbitantes.

Vou atrás de mais inspiração e resolvo plagiar um gênio: o chef espanhol Andoni Luis Aduriz. A papinha equilibrada basta, ele nos diz, mas a gente não quer só comida. Queremos algo "entre o supérfluo e o extraordinário". É isso.

ESPANHA

Impossível não começar pela Espanha – o país era só provocação com o que saía das suas panelas. Vanguarda pura. Rumei para lá. Eles mostravam que não existiam limites. Gostei disso. "A Espanha é o melhor e mais empolgante lugar para se comer no mundo", sentenciou Anthony Bourdain em seu "guia irreverente" *Volta ao mundo*. A Itália consagrada e a França tradicional perdiam terreno. Ser criativo era o lema dos espanhóis: olhar e valorizar o entorno, os produtos e os produtores. Os franceses já faziam isso, mas, acima de tudo, a ideia deles era destacar o sabor e pesquisar novas formas de preparo e apresentação. Fizeram escola. De um dos seus restaurantes mais emblemáticos, o elBulli, dos irmãos Adrià, saíram levas de cozinheiros criativos com gosto pelo inusitado e muito conhecimento. Com a ajuda do destino, uma reserva caiu no meu colo. Foi uma aula de quarenta pequenos pratos surpreendentes. Sob a batuta de Ferran Adrià, surgiram depois verdadeiros rebeldes com causa, que viraram do avesso o que conhecíamos. Ferran puxou nossa toalha e serviu o que nunca poderíamos imaginar comer um dia. O modelo, contudo, mostrou depois os sinais de desgaste, sem tirar a glória do país e do criador.

Apesar da notória influência, as críticas, a incompreensão da linha da nova cozinha, as cópias malfeitas e, até mesmo, a inveja do sucesso espanhol queriam afundar o controverso lugar, que funcionava apenas seis meses por ano, o resto do tempo dedicado a pesquisas. Sagaz, o mestre Ferran Adrià tratou de fechar o restaurante, localizado na Enseada Montjoi, em Roses, na Costa Brava, e acabar com o suplício de lidar com os pedidos de reservas e controlar as finanças. Era difícil manter um restaurante apenas com menu degustação, mais cozinheiros do que o número de clientes, além de estagiários não remunerados.

O fim do restaurante de três estrelas Michelin e que durante cinco anos ocupou a primeira posição na lista do *50 Best* – um feito inédito – veio em 2010, mas Ferran não saiu de cena. A história do chef, iniciada em 1983, continuou. Sempre ao lado do irmão, Albert Adrià, Ferran inaugurou a elBulli Foundation – o espaço transformou-se em um centro de pesquisas com foco em inovação, um museu e uma editora de livros, com a criação de uma enciclopédia única. Com um grupo investidor, abriram vários restaurantes em Barcelona – mas todos fecharam as portas permanentemente em 2020, no auge da pandemia. Hoje, além do restaurante Enigma, Albert tem outros projetos e estabelecimentos.

Pela cozinha e pelo serviço do elBulli, passaram mais de 2.500 pessoas, talentos que espalharam conhecimento pelo mundo fortalecendo a escola Adrià. É quase impossível medir o impacto criativo e conceitual do trabalho realizado. Os irmãos Roca, de Girona; René Redzepi e Christian Puglisi, da Dinamarca; Andoni Luis Aduriz, Elena Arzak e Josean Alija, do País Basco; Diego Muñoz, do Peru; Grant Achatz, dos Estados Unidos; Massimo Bottura, da Itália; Gaggan Anand, da Índia; entre outros, enfim, os "bullinianos" são a prova.

Reduzir o trabalho desses dois gênios à cozinha molecular, como foi chamada na época, é falta de conhecimento. O principal legado deles foi sobre trabalhar com liberdade, ter paixão, honestidade e generosidade, sempre com o olhar no entorno que cerca o cozinheiro. E, evidentemente, não esquecer de inovar e exercer a criatividade.

MUGARITZ
Errenteria

De repente, o silêncio da sala do restaurante era quase palpável; logo, o som vindo do bastão que tocava as ranhuras do *suribachi*, o pilão japonês, tomou conta do espaço e, um pouco assustados, olhávamos para as pessoas perto de nós fazendo a mesma coisa. Todos, ao mesmo tempo, tocavam uma inusitada sinfonia. Uma conexão era estabelecida entre os presentes, aqueles que prepararam a cena e quem estava na cozinha e no salão. Fazíamos parte do espetáculo. Prepare-se, no Mugaritz é sempre assim. Essa era a minha segunda visita.

Na primeira vez, estreei o blog sobre gastronomia. Por isso, fui bem antes do horário da reserva, com medo de não achar o local, um tempo em que se localizar com as coordenadas do GPS não era tão fácil. Num estalo de dedos, voltei àquela casa escondida num canto do País Basco de gastronomia verdadeira e, portanto, de tantos significados para mim. Lembro-me de detalhes. Para conhecer o restaurante Mugaritz, encravado num pequeno vilarejo de San Sebastián, antes andei perdida em estradas sinuosas no meio do caminho dos peregrinos de Santiago de Compostela, ganhei fôlego para algumas sessões extras de psicanálise. O restaurante fica na divisa entre Errenteria e Astigarraga, uma árvore marcando a divisão. *Muga* significa *fronteira*, *ritz* é *árvore*. E eu começava outro caminho a partir dali.

O frondoso carvalho de mais de 300 anos cresceu e se fez imponente, era como o lugar que impressiona, seja pelo profissionalismo, pela técnica, pela qualidade do que é servido, seja pelas surpresas. Obra de Andoni Luis Aduriz – um dos melhores cozinheiros do mundo, conhecido como o "filósofo" da cozinha –, que interpreta a natureza. Criativo, frequentemente é copiado; consegue iludir o olhar, mas não o paladar, do qual não se descuida. Ficaram famosas as pedras entre batatas em cinzas e o tradicional *carpaccio* de melancia; você jurava ser de carne. Numa das visitas, a sorte estava ao meu lado. Além de conhecer o chef pessoalmente, fui recepcionada por um brasileiro na cozinha: Rafa Costa e Silva – hoje com o próprio restaurante, o Lasai, no Rio de Janeiro – foi quem deu detalhes sobre a experiência que eu teria. Poderia imaginar melhor início para quem entrava em um novo caminho? Duvido.

EL CELLER DE CAN ROCA
Girona

Estou em Girona, a 100 quilômetros de Barcelona. Saio do táxi, que para em frente ao número 48 de uma ruazinha. Desço e passo pelo corredor comprido, ladeado por paredes altas, até chegar ao jardim de uma casa de fachada antiga. A porta se abre e dou de cara com o *hall* de entrada de ares futuristas. Espero o *sommelier* Josep, um dos três irmãos Roca, para visitar a adega. Começa a magia que me acompanhará até o final da refeição no El Celler de Can Roca. Nunca mais fui a mesma; na época da primeira visita, lembro que deixei até de cozinhar.

Os irmãos Joan, Josep e Jordi colocaram o restaurante no pódio de *rankings*, várias vezes na primeira colocação na lista do *50 Best* e com três estrelas do Guia Michelin. Quem são e como alcançaram esse reconhecimento revelam uma longa história. Aberto em 1986, o restaurante tocado pelos três catalães dá continuidade à atividade que começou com a avó e passou para os pais, que estão à frente do restaurante da família, instalado bem pertinho do El Celler. Cozinhar, então, aconteceu naturalmente – eles nem pensaram em fazer outra coisa. Apaixonados pelo ofício, estudaram e trabalharam muito e ainda trabalham: são mais de 14 horas por dia no restaurante. Rigor é palavra de ordem ali, e a verdadeira pressão é atender quem espera tanto pela visita. A prioridade não são os guias e listas, são as pessoas.

Nos primeiros anos, não tinham muitos clientes, mas sabiam que precisavam continuar trabalhando. A cozinha deles é conhecida como "cozinha das emoções", mas isso é apenas um rótulo, assim como a de René Redzepi é de "ingredientes locais", a de Grant Achatz é "futurista", a de Andoni Aduriz é "filosófica", e a de Heston Blumenthal, "tecnológica".

O linguado *a la brasa a la manera meunière*, a versão moderna do *steak tartare* e da brandade de bacalhau, para citar apenas três pratos emblemáticos, sem falar nas criações de Jordi, o *pâtissier* e o mais novo dos três irmãos, que rompe todas as fronteiras, como levar um perfume ao prato, ou o prato ao perfume, são exemplos do que eles podem fazer. O linguado é grelhado, o molho vem ao lado, a flor da alcaparra dá um toque cítrico. Surpreendentemente saboroso, leve e fresco. A pele estalava ao contato com a língua que recebia as flores como prêmio, escrevi depois de comer. O ciclo das estações e a oferta de produtos dão o caminho na definição e na troca dos menus oferecidos. Incansável em suas pesquisas gastronômicas, Jordi diz que gosta de pensar que nem tudo foi feito. "Existe muito para fazer. Os caminhos da cozinha são inescrutáveis".

Indagado sobre o trabalho com os aromas, o *pâtissier* disse que tudo começou em 2001, quando chegou ao restaurante uma caixa de bergamota. "Pensamos no que fazer com a fruta, um cítrico com um cheiro muito particular. Imediatamente, o aroma lembrou o perfume Eternity, de Calvin Klein, juntamos outros ingredientes e criamos uma sobremesa, descobrindo novas possibilidades com essências", explica Jordi. Mencionados como possíveis substitutos do chef Ferran Adrià, de quem são amigos, dizem em coro, "ninguém o substituirá". Têm um estilo diferente do mais famoso mago da cozinha, porém tão vanguardistas e espetaculares quanto ele. Se houvesse sucessão para o elBulli, liderariam a lista, com certeza.

A adega e a carta de vinhos do restaurante, como mencionei, são uma atração à parte – são de emocionar, não se deve sair sem as conhecer. Josep contou que, quando criança, os quartos deles ficavam em cima do restaurante dos pais. A sala da casa era embaixo, eles não saíam de lá e o que atraía a atenção do menino eram as bebidas. Quando cresceu, formou-se em hotelaria, *sommelier* e serviço de sala. Ele sabia que o atendimento e a bebida eram pilares fundamentais para o sucesso de um restaurante. Algumas vezes, o vinho parecia que brilharia sozinho, daí entrava a comida e os dois se entendiam em sintonia. "Olé!", como disse o jornalista Renato Machado certa vez, "a loucura dos *bocadillos* que não harmonizam com vinho ficou para trás", principalmente no El Celler.

Por acaso, em outro restaurante que recebia consultoria do trio, provei um prato criado por Joan e Jordi, o *foie gras* com maçã caramelizada. Criado em 1996, era uma interpretação de uma receita clássica da cozinha catalã, a *manzana de relleno*, originalmente feita com carne moída. Mais uma recordação das muitas despertadas pelo perfume de limão que veio na mala, o Nüvol, inspirado no doce com a fruta. No El Celler, acontece de se escutar suspiros vindos da mesa ao lado. Impossível esquecer esse lugar.

ELKANO
Getaria

A tarde se despedia. Fazia um pouco de frio. San Sebastián, no País Basco, ficava para trás. Uma estrada sinuosa, com o oceano nos olhando de perto, nos levava para Getaria, uma pequena vila de pescadores. A experiência, aprendo, começa sempre com o ritual da escolha do local, do dia, do horário, de como chegar e, às vezes, até da escolha da roupa. Mas dispensei a expectativa, que, no Elkano, era alta. A fama do cozinheiro impulsionou a visita. Pedro Arregui era um ícone, eu sabia, um *superstar* da brasa, ao lado de Victor Arguinzoniz, do Asador Etxebarri, os dois bascos reverenciados. Infelizmente, Arregui faleceu em 2013, e achei que não conheceria o restaurante. Felizmente, seu filho, Aitor, assumiu o comando do Elkano, que segue com a família.

Parece que nada mudou. Fomos recebidos por uma enorme grelha já na entrada, as brasas na *parrilla* lembrando também como os antigos faziam quando chegavam da pescaria. Deixei meu mundo ficar distante e, nas mãos de Aitor, a escolha do que servir. Ondas quase silenciosas batiam nas pedras em torno da casinha branca. Daquele mar sairia o atum, apresentado em um tartar para se comer de uma bocada, seguido por *kokotxas* – a bochecha de peixe – em versões soberbas. O auge do espetáculo deu-se com a entrada do *rodaballo* ou *turbot*, ou *steinbutt*, que lembra o nosso linguado – é da mesma família, *Pleuronectiformes* –, servido inteiro, de frescor a ser invejado pelo melhor pescador. Aitor trouxe o peixe à mesa, mostrando como se deveria comer, dissecando todas as partes da carne. Não tinha acompanhamento, nem precisava. "Minimalismo ao extremo", disse o cozinheiro, fiel ao que se propõem. Ele emulsionou o caldo do cozimento à mesa e logo surgiu um espesso molho. "O segredo é comprar bem", era uma das máximas de Pedro Arregui seguida pelo filho.

Depois do banquete, a certeza de que o Elkano não sai da minha lista de restaurantes preferidos. Quero ainda experimentar a lagosta preparada na brasa, alguns ouriços e mariscos e a sopa de cavaquinha. Vou precisar de muitas idas ao endereço. Na próxima vez, quem sabe, seja um almoço, imagino fixar meus olhos nesse mar, aceitar todas as sugestões do dia e me entregar ao prazer de uma refeição perfeita sem pressa.

ASADOR ETXEBARRI
Atxondo, Axpe

A tarde cinzenta era carregada de neblina, encobria as altas montanhas do País Basco, e eu era lançada a uma fronteira desconhecida. Entrei no distante vilarejo de Atxondo, Axpe. O nome quase ilegível do restaurante – Asador Etxebarri –, escrito em cima da porta de um casarão do século XVIII, não revelava coisa alguma. Ao abri-la, um bar meio vazio de um lado chamou a atenção; de outro, uma mesa num canto com moradores locais entretidos em um silencioso carteado. Pode não parecer, mas você está em um dos melhores restaurantes do mundo.

Pergunto sobre o Asador, apontam para cima. Ignorava que houvesse uma outra entrada que dá acesso direto à escada. Subi os degraus até o salão, estava lotado. Era o primeiro dia de funcionamento depois de trinta dias de férias coletivas. O local seduz até mesmo os mais incautos e, com certeza, os apaixonados pelo prazer da boa mesa. Alguém disse que o lugar não precisa de apresentação. Verdade. É só provar. Chefs famosos, conhecedores das melhores mesas, bradam que o retorno à simplicidade faz dali o "melhor do melhor"; isso dá a fama. Imagine ingredientes de excelência e domínio da brasa, com o uso de uma variedade de lenhas, e desvenda-se o segredo. Demorou um pouco até ser descoberto; Victor Arguinzoniz não faz propaganda nem ações promocionais.

No Asador, não existe a que temer e, se você for abençoado, porque tudo depende do mar, do mercado ou do que a terra tem a oferecer no dia, poderá comer até caviar, que passa pela brasa em um utensílio especial, ou salmão selvagem. O único problema de conhecer o Asador Etxebarri é querer voltar lá muitas vezes. A pequena vila e o restaurante fazem do lugar um ponto luminoso no mapa da gastronomia internacional. Quase impossível descrever. Em 1989, o discreto cozinheiro autodidata Victor (ou Bittor, em basco) reformou o piso superior da casa e abriu o restaurante, que lá está quase do mesmo jeito.

Em outra visita, também era inverno e o sol nem apareceu. Pela janela estreita entre a parede de pedras grossas, vi a mesma fina névoa permanecer durante o almoço, encobrindo o pasto e às vezes deixando algumas ovelhas surgirem. O menu degustação do dia – da entrada à sobremesa – passou quase todo pela grelha. Começou com *chorizo*, um embutido de carne e gordura de porco, pão com manteiga defumada e sal em uma combinação artesanal e contemporânea. Depois, veio o tomate, e se você nunca comeu um plantado naquelas terras, não se precipite no julgamento – ele merece ser a estrela do prato, um tomate na sua potência máxima. O sabor vale cada pedaço dessa fruta-verdura. Um grande *carabinero*, aquele camarão grande avermelhado, chega ao lado do molho no prato pronto para impressionar. *Espardeñas* na sequência, um tipo de marisco, e eu descobri ter alguma coisa em comum com o rei Juan Carlos da Espanha: amamos esse fruto do mar, servido ao ponto e com uma textura perfeita. Desconfiada, olhei para a carne de boi velho pensando que ali estaria o primeiro tropeço da casa; que nada. O *chuletón*, uma bisteca malpassada servida com alface, era especial; para mim, foi uma novidade na época. Os pratos quase não têm acompanhamentos, às vezes apenas um molho delicado faz companhia, e a cocção é precisa, o sabor defumado é discreto.

Termino o almoço exatamente com o mesmo impacto que a manteiga do início causou. O sorvete veio em seguida e tinha o gosto de brasa mais acentuado, o que ninguém espera. Defumação a frio do leite, explicam. Minha reverência vai ficar impressa. Bolinhos e uma tortinha caseira encerraram o banquete. A emoção aflorou, saí dali com uma lágrima escondida. Só um aviso: vai sonhar com essa comida.

ELS CASALS
Sagàs, Barcelona

Meio perdida entre curvas da paisagem árida da região da Catalunha, encontrei a fazenda dos irmãos Rovira, localizada a pouco menos de 100 quilômetros de Barcelona. Nem acreditei. Finalmente, alguns meses depois de ter conhecido Oriol Rovira, chegava ao restaurante e hotel Els Casals. O cozinheiro da família de cinco irmãos agricultores preparou um jantar* em São Paulo – foi quando tomei a decisão de visitá-lo em sua terra. A certeza do plano veio assim que vi as fotos do lugar e provei o torresmo e a *sobrassada*, um embutido de carne de porco, que tinham atravessado o oceano para parar no meu prato. Foi uma âncora jogada no estômago. Precisava conhecer melhor o trabalho desse chef.

Estava tranquila no pequeno e confortável hotel; estou acostumada ao ambiente rural, me escondo do mundo longe da cidade sempre que posso. As surpresas me aguardavam no restaurante, descobri mais tarde, começando na decoração das mesas, onde descansavam delicados tomates japoneses sobre a toalha branca engomada – uma pista de que seria um dos melhores jantares daquela viagem.

"Alguma restrição alimentar?", escutei. A resposta estava na ponta da língua: nenhuma. Por não saber à época, ainda não mencionava a alergia ao corante amarelo, que duvido ser usado ali. Assim, me entreguei ao cardápio sugerido: embutidos, legumes, um peixe, uma carne e sobremesas caseiras. Algumas entradas, quatro pratos, duas sobremesas e café. "Um pouco de cada coisa para ir até o final". Desafio aceito. Sugestão de vinhos eu não tinha, mas gostaria de experimentar os da região do Priorato, que vêm conquistando fama. É o local deles, fora dali seu preço é proibitivo. Oriol sugeriu dois produtores. Os dois perfeitos. Marta, a esposa, atendia o salão, ele cozinhava e eu entrava em transe.

Mesmo fora do circuito gastronômico, a cozinha do Els Casals já ganhou a primeira estrela Michelin e dá ênfase ao ingrediente – "no máximo, três elementos por prato", explica o cozinheiro, que teve Martín Berasategui e Andoni Luis Aduriz como mestres. Oriol serve pratos tradicionais e também pratica

---

* Uma das edições do congresso Mesa Tendências, da revista *Prazeres da Mesa*, apresentou expoentes da cozinha espanhola. Nos jantares, foi possível conhecer o trabalho de alguns chefs.

a cozinha de autor, dando preferência aos produtos da propriedade da família ou dos arredores, respeitando as estações. Tive o privilégio de experimentar a primeira colheita dos tomates, inclusive o minitomate japonês, aqueles de cima da mesa, considerado trufa da estação – poesia em forma de um cacho vermelho de tomatinhos e esferas de melancia. A *sobrassada*, responsável pela viagem, servida com favos de mel de produtores da região, selava a certeza de que estávamos diante de artistas: produtor e cozinheiro. O mel vem de vizinhos da propriedade dos irmãos Rovira. Para ser um fornecedor do restaurante, era preciso ter qualidade – essa era a única exigência. O famoso torresmo com páprica, *pimientos de piquillo*, a pimenta suave, e o pão com tomate pareciam integrar a cozinha à paisagem. O tomate "coração de boi" estava entre as iguarias – um dos últimos do ano. Uma semana antes de chegarmos lá, para tristeza deles, uma chuva de granizo havia danificado a plantação.

Durante o jantar, uma mudança no cardápio e uma provocação: provar os *funghi porcini* recém-entregues por um produtor vizinho. Oriol levou o produto ainda cheio de terra à mesa para confirmar a escolha. Não houve dúvida. "É um privilégio poder trabalhar com produtos frescos de origem conhecida. O cozinheiro é como um músico que segue a partitura e não pode estragar o trabalho do maestro, o agricultor". Desculpe, Oriol, preciso dizer: o privilégio é de quem pode provar.

Entre sabor e textura, tudo perfeito – do peixe, um tipo de bacalhau, que chega diariamente ao restaurante, com coentro, abacate e ervas, ao lombo de porco ibérico preparado em baixa temperatura, *comme il faut*, servido com alcaparras crocantes, que eu nunca tinha comido, e as vieiras. Os queijos não faltaram no banquete, excepcionais. Pequenos pedaços de abacaxi incrivelmente doces, com temperos indianos, servidos como digestivo, um toque de mestre, finalizaram a refeição.

A sobremesa, flan com nata, foi tradicional e também impressionou. "As coisas simples são as mais difíceis", escutei. Sei. E eu concordava com ele mais uma vez. Os *carquiñolis*, biscoitos de amêndoas, com *sorbet* de limão, o gelado só com a fruta preparado sem leite, foram servidos; eram a senha para subir para o quarto e dormir tranquilamente. Se estiver por perto, pode desviar o caminho e entrar.

BAR DO NÉSTOR
San Sebastián

Entrando no Bar do Néstor, peça a mesa número 19. É a melhor, mas é preciso que a sorte esteja ao seu lado, porque é a única do restaurante que serve o melhor *chuletón* do balneário mais famoso quando o assunto é comida boa. E aviso: nem adianta pedir o ponto da carne; ela virá bastante malpassada e com uma tira grossa de gordura amarela envolvendo o suculento filé. Ali, uma *tortilla de patata* está sempre sendo preparada e os tomates vermelhos, reluzentes, são carnudos e provocadamente deliciosos. Os famosos tomates da Espanha acompanham o prato servido no pequeno espaço localizado na chamada cidade velha desde 1980.

DICKENS BAR
San Sebastián

Donostia-San Sebastián é um dos melhores roteiros de gastronomia. O local tem fama pelos restaurantes de chefs famosos, mas é também a capital mundial das *tapas*, ou seria *pintxos*? As pequenas porções fazem parte da identidade espanhola, cada região tem suas especialidades. São mais de 200 bares pelas ruas estreitas do balneário. Saia sem destino e vá provando tudo, de bar em bar, lulas, embutidos, bacalhau, *foie gras*, caranguejo, alcachofras, pimentões, azeitonas, amêijoas, acompanhado do *txakoli*, o vinho branco típico da região. Contudo, é bom evitar os meses de inverno; quando a água invade as calçadas, muitos restaurantes e bares fecham. Conheço alguém que dispensa os pedaços de pão dos aperitivos para poder comer mais. No mínimo, quatro dias na cidade e não será difícil descobrir que a melhor gim tônica da vida está no Dickens.

LA MANDUCA DE AZAGRA
Madri

Não tenho boa memória. Minha infância, por exemplo, parece que nem existiu. Traumas me acompanham, mas dei de me lembrar com detalhes das experiências gastronômicas que me ponho a escrever aqui. São como aqueles sonhos dos quais não queremos acordar. Pois o último deles foi em Madri, numa noite fria, quando entrei no restaurante meio escondido e de nome estranho, porém com boas recomendações de guias especializados e blogueiros.

No La Manduca de Azagra, é tudo muito simples e a brasa comanda os preparos. Além dos sabores provados, o atendimento não sai da minha cabeça. Deviam dar aulas. Depois, descobri que tinha sido servida pela dona, que parecia levitar no salão como uma pequena fada madrinha de sorriso cativante, que deslizava dentro de um vestido bem solto, quase até os pés, a satisfazer os desejos dos afilhados, quero dizer, dos clientes. Nem mesmo a decoração do espaço tinha excessos, e a comida, ah, dessa não me esqueço mesmo, principalmente a sobremesa do dia, o folhado *madrileño*. Guardo comigo a lembrança da textura, como se pudesse escutar de novo o estalo da massa quebrando com a mordida, e do sabor doce na medida certa, com toque ácido. A cozinha de Navarra chegou à capital da Espanha pelo casal Juan Miguel e Anabel Sola. Eles se mudaram de Azagra para Madri com a ideia de servir comida regional. São famosos seus aspargos e alcachofras; provei, merecem a fama. O Manduca é acolhedor, genuíno e delicioso. Prezam pela hospitalidade, e o cliente percebe isso, principalmente se você estiver jantando sozinho, como eu naquele dia. Me senti em casa sem querer ir embora.

CAN ROCA
Girona

Se você for até Girona, recomendo também uma visita ao lugar onde a história e a paixão pela gastronomia dos três irmãos do El Celler de Can Roca começou. A 200 metros do celebrado restaurante, está o Can Roca, instalado em uma casa simples de bairro operário na periferia da cidade. Ali nasceram e cresceram Joan, Josep e Jordi. Os irmãos têm gravado o nome da família na gastronomia mundial. Quando ganharam a terceira estrela Michelin, mais de 500 pessoas foram para a frente do restaurante aplaudir. Todos os dias, a equipe do El Celler almoça no Can Roca – quer motivo melhor para conhecer o lugar? Vale uma esticada em Girona para provar o cardápio enxuto da casa comandada por seus pais. Comida caseira, saborosa e barata. O menu muda diariamente, são três ou quatro opções de entrada, idem para prato principal e para sobremesa e custa 16 euros. É possível escolher *à la carte*.

Geralmente, os clientes do El Celler ficam hospedados em Barcelona e vão e voltam até Girona no mesmo dia de trem, aplicativo ou táxi, apesar de a cidade ter bons hotéis. Agora, os irmãos inauguraram o Hotel Boutique Casa Cacao e resolveram esse problema: uma oportunidade para visitar também o Rocambolesc – a sorveteria – e a Casa Cacao – a chocolateria –, de Jordi Roca e Alejandra Rivas, na mesma cidade. Os irmãos ainda estão à frente do La Masia, uma incubadora de ideias e projetos, do Mas Marroch, espaço de eventos, e do restaurante Normal, no centro de Girona. Mais motivos para ir até lá.

DOS PALILLOS
Barcelona

Entra-se pelo acanhado corredor onde funciona o bar, sempre movimentado. Ao desviar-se da cortina nos fundos, chega-se à sala com luz baixa e bancos vermelhos, enfileirados, formando um quadrado em torno de um grande fogão e de grelhas. Preparações cantonesas, como o *wonton*, tempurás, rolinhos-primavera crocantes, *dumplings* e *gyozas* perfeitos e um prato de moluscos e algas, que pode até assustar o mais desavisado cliente, estão entre as atrações. Somos espectadores do balé dos cozinheiros no pequeno espaço; vive-se ali um espetáculo embalado pelo sabor das comidas inspiradas na cozinha oriental-ibérica e preparadas com rigor.

Pudera, Albert Raurich passou onze anos ao lado de Ferran Adrià, no seu extinto elBulli. Além da influência do famoso catalão e dos ingredientes crus, a Ásia é valorizada ali – o chef é casado com Tamae Imachi, uma japonesa formada em hotelaria e literatura, que é *sommelière* e gerente. Ambos trabalharam naquela casa que balançou o coreto da gastronomia mundial antes de fechar as portas em 2010. Aprenderam a respeitar os ingredientes. No bar de tapas e saquês, único na Espanha, com 40 tipos da bebida de *junmai* (com arroz puro), pode-se almoçar. No cardápio: *tapas* mais em conta. Não precisa reservar. Já para degustar um dos dois menus na sala meio escondida nos fundos, exigem-se reservas e gasta-se um pouco mais. A vanguarda vive ali e é uma das minhas indicações preferidas em Barcelona. Às vezes, parece que a gente está no Japão, às vezes na Espanha, um pouco fora do mundo real. Difícil ir embora.

DOS CIELOS E COCINA HERMANOS TORRES
Barcelona

É fechar os olhos e me vejo no Dos Cielos. O restaurante estava instalado no vigésimo quarto andar, numa moderna torre de Barcelona, entre o mar e a montanha, com ares futuristas, varanda e cozinha abertas para o salão. Ver a cidade do alto e provar a comida de Javier e Sérgio foi como entrar em um filme. Um filme que dá vontade de rebobinar quando acaba e começar a ver de novo. Conheci os chefs, os irmãos Torres, no Brasil – chegaram a ter um restaurante aqui. As referências que eu tinha eram de uma cozinha impecável. Depois dessa visita, saí mais impressionada ainda. Hoje, estão na Cocina Hermanos Torres e em um hotel em Madri; é fácil para os gêmeos que se dividem nas tarefas. Os dois cozinham desde crianças e mostram como sabem interpretar a natureza do entorno com criatividade. O menu degustação é a expressão máxima da dupla, assim como a mesa de queijos ao final da refeição. Perceba o equilíbrio entre tradição e vanguarda na comida – estão atentos ao sabor e às sensações que querem transmitir. Deguste com calma e não terá arrependimentos. Indico mesmo sem conhecer o novo restaurante, agora rente ao chão, mas a mesma *nave de los sueños*. Sei do que são capazes.

41 GRADOS – ENIGMA
Barcelona

Quando a porta do 41 Grados se abriu, entrei em outro mundo. A luz era baixa e havia um silêncio respeitoso. Eu era uma das dezesseis pessoas na pequena sala, que se transformava a cada prato que chegava. Painéis desciam e imagens eram projetadas, luzes se alternavam, conforme a comida exigia. Mergulhei. Em mais de quatro horas de banquete, foram servidos 41 pratos. A música tentava descrever o que viria na sequência, quem estava ali também participava do exercício de adivinhação. Às vezes, era preciso olhar para o teto, às vezes para as paredes, sempre para o prato que chamava atenção e conseguia surpreender mesmo com o entorno criativo. Inusitada era até a localização. O restaurante funcionava numa esquina sem graça da efervescente Barcelona, onde vivi uma das minhas melhores experiências à mesa. O chef Albert Adrià, irmão e então sócio do conhecido Ferran, regia o espetáculo. Claude Troisgros, no Rio de Janeiro, propõe uma experiência parecida no seu Mesa ao Lado, para apenas doze pessoas, com projeções e músicas. Ainda não conheci.

O sistema de reservas pela internet do 41 Grados testou minha paciência até o limite. Havia conseguido uma entrevista com ele, mas não a reserva. Tive sorte com uma desistência. Nem a experiência no elBulli tinha ido tão longe. Me despedi emocionada. Mesmo fechado pela pandemia, nos moldes que eu conheci, permanece aqui como uma homenagem ao talento desse chef. Agora, ele anuncia "comida divertida" no lugar da "alta cozinha", unindo bar e restaurante no Enigma Concept, reaberto em agosto de 2022, que entra na sua terceira fase, com novidades. Os antigos sócios, os irmãos Iglesias, ficaram com o Tickets, que agora se chama Teatro.

Tenho gravado uma frase dele dita em um congresso: "só existem dois tipos de comida, a boa e a ruim". É isso. E a dele é boa. Muito boa. A prova é que, assim que abriu o Enigma Concept, depois da pandemia, mais de 500 pessoas tentaram reservar. Siga onde ele estiver, é o que eu faço.

ELBULLI
Roses

Um crítico escreveu que os grandes cozinheiros franceses começaram a peregrinação, seguida depois por gente de todo o mundo, "aos feiticeiros de Roses, como faziam os religiosos ao caminho de Santiago de Compostela". Era Gilles Pudlowski referindo-se aos irmãos Adrià. A comparação não é exagerada. Fui conferir. Eu tive sorte, e foi sorte mesmo, de conhecer uma pessoa, que depois viria a ser minha amiga, que tinha duas reservas para jantar no elBulli para a data na qual, por acaso, eu estaria a 100 quilômetros do restaurante sem nenhum compromisso agendado. Depois de conversarmos rapidamente, recebi uma ligação dela me oferecendo a oportunidade única. Conhecer aquela cozinha futurista era o sonho de cozinheiros e de meio mundo. Eu estava entre eles.

Chegamos um dia antes da data marcada, e a decepção com o balneário foi inevitável. Seguimos para Cala Montjoi por uma estrada sinuosa e esburacada, eu duvidando que um lugar tão famoso tivesse escolhido aquela parte meio sem graça da costa da Catalunha para se instalar. Mas o cenário foi mudando, o verde tomando conta das encostas até chegarmos ao final da estrada e à casa construída quase em cima do mar, que hoje abriga a Fundação elBulli, encostada em um parque nacional. Das muitas coisas que aprendi lá: durante um menu degustação, quando os talheres são trocados e chegam à mesa, é sinal de que o próximo prato será servido, e é proibido levantar, sob o risco de a comida precisar ser refeita. A série de pequenos pratos era perfeita: alguns famosos, como a espuma salgada e a azeitona que explodia em contato com a língua, ao lado de grandes rótulos de vinho, com exceção para os de gosto forte. O acaso me abriu portas inimagináveis, bem ao meu gosto: descobrir o novo apresentado sem afetação e com qualidade. Levei a experiência comigo.

ARZAK
San Sebastián

Volto a San Sebastián para falar de um dos chefs mais importantes da Espanha: Juan Mari Arzak, um dos responsáveis pela chamada nova cozinha espanhola. Estranhei o prédio antigo na beira da estrada, onde está localizado o restaurante. Entrei e descobri a história das gerações da família dedicadas ao ofício e fui surpreendida pela criatividade e pelos sabores. Ali funcionou uma *tasca*, com um mercadinho ao lado, construída em 1897 pelos avós de Arzak. E, por fora, quase nada mudou até chegar sua vez de assumir os negócios – ao lado da esposa, transformou o local em um restaurante com estrela Michelin.

A mudança foi interna – a filha Elena tornou-se corresponsável por manter o sucesso. Mesmo afastada das redes sociais, um único *post* em seu perfil anuncia: "Estou na cozinha". É quase impossível imaginar isso hoje. O restaurante tem personalidade basca e é recomendado para paladares exigentes. Lembro-me de ficar impressionada com a prateleira de temperos e ervas e com alguns pratos, além da adega. Todas as cartas e os menus são renovados com frequência. Faça como a Elena e deixe o celular de lado. Apenas desfrute.

NERUA
Bilbao

Não iria até Bilbao se as recomendações não fossem boas, uma vez que estava em San Sebastián, onde as diversões gastronômicas são garantidas. Dentro do imponente e moderno Museu Guggenheim, me esperava com surpresas o restaurante Nerua, que faz jus ao espaço. O mérito é do chef Josean Alija, que deu a honraria Michelin ao restaurante – o primeiro em museu a receber. Apesar da cozinha aberta para a entrada, avistada até do sóbrio salão, o ambiente não nos faz esquecer de onde estamos, e o bom-gosto impera. Ainda ajuda a vista por janelões escancarando algumas linhas externas do espaço. Todos os detalhes, da comida, passando pela bebida e louça, tenho certeza, vão agradar. Lembro-me com água na boca da ostra banhada em um suco espesso de cebolinha, também do espinafre, imagine, servido com leite de amêndoas, e das endívias confitadas, além do kiwi com sorvete da planta asiática *shiso*. Ali, pelas paredes tortas do museu, flutuam características do Oriente, mescladas a vegetais de acentuado sabor, entre outros ingredientes, sublimando o ato de comer. Como diz o chef, "um atrevimento eleger os vegetais como protagonistas". Ele sabe como, tem toda a minha admiração. E o que me anima mais ainda nesse lugar é que posso visitar o museu antes ou depois da refeição. Na primeira vez, a *Maman*, ou *Spider*, a aranha gigante da artista Louise Bourgeois, instalada em uma das frentes do museu, abriu portas de um inconsciente que nem imaginava existir. A artista alimentava-se de suas emoções para criar. Entendi, é o gosto que procuro.

ORIOL BALAGUER
Madri

Depois de morder o bombom em forma de amêndoa de cacau, que trazia o salgado da flor de sal na medida, evocando nossa conhecida paçoca, com uma nota de castanha ao fundo e uma fina camada de chocolate amargo de qualidade equilibrando tudo, pensei, ah, desta vez, não vou falar da comida de um restaurante, vou falar de chocolate. Vou falar sobre o *chocolatier* e chef confeiteiro Oriol Balaguer. Já fiz de tudo para conseguir experimentar seus produtos, mas os horários das lojas são diferentes, respeitam o descanso após o almoço. Já tinha perdido a viagem mais de uma vez. Tinha provado os bombons, mas não a torta com oito texturas de chocolate. Não desisti até conseguir comprar. Descobri um novo endereço, com horários estendidos, onde se pode comer um *croissant* também, considerado o melhor da Espanha. No quarto do hotel, sozinha, quase acabei com a dita premiada.

Nas criações dele, espere por sabores inusitados, como açafrão, *wasabi* ou *yuzu*, a fruta cítrica da Ásia, influência talvez dos sete anos em que trabalhou com Ferran Adrià. Alguém já disse que melhor do que viajar é voltar. Voltar com uma caixa de chocolates na bagagem, então, é prolongar o prazer e dar fôlego à memória.

QUIMET & QUIMET
Barcelona

Chego a Barcelona, mais festa para o paladar. Na última vez que estive na cidade, depois de uma semana de intensa maratona de descobertas gastronômicas entre bares, restaurantes e confeitarias, fiquei quase um dia inteiro sem comer, tão satisfeita, com alma e corpo alimentados por um bom tempo. Entre os endereços da cidade, imperdível o Quimet & Quimet, no comando da quarta geração da família Quim. Não é bem um restaurante, come-se de pé, enfrenta-se fila antes do horário de abertura, disputa-se um lugar no balcão ou nas duas pequenas mesas entre engravatados, turistas asiáticos e moradores. Um pequeno grande mundo em três paredes forradas de ingredientes e bebidas que vão do rodapé até o teto. É o charme do lugar. O inusitado é que ali quase tudo é enlatado, ou já está pronto, apenas esperando as combinações preferidas dos clientes – queijos, vinhos e mexilhões em destaque. Seus *montaditos*, pequenos pães – verdadeiros sanduíches abertos –, as conservas e os vermutes artesanais são famosos, assim como o caviar, o salmão com iogurte e as vieiras. Está entre as dez melhores casas de *tapas* segundo o jornal inglês *The Guardian*. Não tem nada igual. Corra conhecer.

BODEGA 1900
Barcelona

"Você comeu o cardápio inteiro", ouvi do garçom. É que a cada sugestão dele eu respondia com um sorriso. Como não tinha com quem dividir, eles fizeram a gentileza de reduzir as porções – foram vinte e sete – para que eu provasse de tudo um pouco, cobrando o equivalente. Era o que eu queria. Mais um ponto para o lugar. Passei mais de duas horas ali e nem senti. Experimentei todos os clássicos da casa e outros da temporada, como ostra, atum, sardinha, *navajas* e *anguillas*, incluindo defumados e curados, além dos aperitivos tradicionais com tomates, aliche, cogumelos, azeitonas e batatas.

As fotos na parede dos irmãos Adrià e do mítico elBulli, com certeza, atraíam clientes mortos de curiosidade – o empreendimento era da família em sociedade com empresários. Ambiente e decoração levavam para outros tempos, como um retorno a um passado não vivido. Albert Adrià à frente e, na cozinha, estava o experiente Angel Geriz. Só feras. Um bar de vermutes com aperitivos, despretensioso e bem-montado, é proposta simples. Penso que é o típico lugar que qualquer cidade deveria ter. Sonho toda semana que estou dando uma passadinha lá no final da tarde. Pena que tenha fechado durante a pandemia. Deixo o registro para você ir atrás de qualquer restaurante que tenha Albert Adrià por perto. Eu sigo o chef.

STREETXO
Madri

O nome explica. DiverXo é um restaurante que funde vários tipos de cozinha e é um dos mais modernos. Culpa do chef David Muñoz, responsável por proporcionar experiências únicas com seu trabalho. Não consegui reserva. É preciso muita antecedência para ter um lugar no seu restaurante mais conceitual.

Fui ao StreeXo. Participava de um congresso de gastronomia em Madri, por isso antes mesmo da abertura da loja de departamentos El Corte Inglês, onde funcionava a outra casa dele, já estava na fila, no segundo lugar. Antes, precisei me livrar do motorista de aplicativo insistindo em me esperar. O que eu não podia era perder a chance de conhecer um pouco do trabalho do irreverente chef, mesmo que numa proposta mais simples. Assim que abriu, desconfiada do excesso de informalidade, ocupei um dos bancos em volta do balcão desenhado em U, com os cozinheiros no meio. O cardápio era focado nas comidas de rua asiáticas, preparadas com ingredientes locais e muita criatividade. Fui laçada sem tempo nem de piscar. A comida, colocada em cima de um tipo de jogo americano plastificado e degustada geralmente sem talheres, surpreendia pelo sabor a cada bocada. Ponto para o chef.

Hoje, o StreetXo mudou de lugar, e na loja de departamentos mais conhecida da Espanha, onde funcionava, está o RavioXo, que serve *dumplings* e massas. O madrilenho, conhecido por Dabiz e pelo topete loiro no estilo moicano e brincos que são chifres, já ganhou todos os prêmios que um chef pode almejar. Sua proposta é ser diferente; consegue. Uma refeição pode durar cinco horas e vem acompanhada de surpresas, que começam na decoração inusitada, surrealista. É a casa do maximalismo. Dabiz acredita que um chef cozinha o que viveu – por isso, antes de abrir seu restaurante, trabalhou em vários locais pelo mundo. Seu lema é "vanguarda ou morte". É para os fortes.

MARTÍN BERASATEGUI
Lasarte-Oria

Não posso deixar de falar de Martín Berasategui, que, ao lado de Juan Mari Arzak e Andoni Luis Aduriz, responde pela revolução da cozinha de Donostia-San Sebastián. Ainda jovem, ajudava os pais no Bodegon Alejandro, no centro do balneário, que merece uma visita. Hoje, apesar de o restaurante não estar mais nas mãos da família, continua a merecer a indicação. Simpático e empreendedor, Berasategui é um cozinheiro genial – recebeu a primeira estrela Michelin aos 26 anos e acumula doze em seus vários restaurantes espalhados pela Espanha. Tem uma coleção dos bonequinhos do guia. É de se admirar. Sabe mesclar tradição e modernidade nas suas criações. Enguia com *foie gras*, para comer sem medo da gordura, lula com ravióli, *blini* com queijo e caviar, salmonete e miúdos foram algumas iguarias que marcaram época. Seus pratos são como pinturas, e o restaurante, um charme. Não deixe de terminar a refeição na varanda, peça um licor digestivo ou um café e aproveite o pôr do sol, se ele estiver por lá, ou simplesmente deixe o olhar se perder na paisagem.

FRANÇA

A França entra em qualquer roteiro, seja com a intenção de aprender, seja para comer. "De Paris, todos sabem, ou julgam saber", assim Cecília Meireles abre uma crônica. Eu arrisco umas linhas sobre sua culinária, considerada patrimônio imaterial da humanidade pela Unesco, que expressa a diversidade e a riqueza das suas regiões, com seus distintos e famosos *terroirs*, além da estética que vai à mesa ao lado de ingredientes de qualidade.

Trata-se de uma herança cultural que foi evoluindo ao longo dos séculos. Obras como *L'Art de la Cuisine Française au XIXe Siècle* (1833), de Marie-Antoine Carême, ou *Guide Culinaire* (1903), de Auguste Escoffier, ou *La Gastronomie Pratique* (1907), de Ali-Bab, ou *L'Art Culinaire Français par les Grands Maîtres de la Cuisine* (1992), de autoria coletiva, são referências e têm lugar de honra nas grandes cozinhas. Os franceses sabem dar valor para uma refeição, prezam pela convivialidade e pelo bem-estar.

Dei as costas ao país por algum tempo. Enxergava-o um pouco estagnado nas glórias conquistadas. A França sempre teve o domínio da técnica, os produtos e um passado de fama inegável, grandes chefs, além de movimentos que revolucionaram a culinária, como a *nouvelle cuisine*. Porém, um "mas" andava meio atravessado – culpa de templos icônicos, com as três famosas estrelas do Guia Michelin, nos quais a comida não tinha as exclamações e os adjetivos que eu atribuía à nova comida feita na Espanha. Havia algumas exceções – claro, as instalações, o cardápio, os vinhos e o serviço continuavam a chamar atenção, porém nada comparado ao que faziam os chefs bascos e catalães.

Depois da Segunda Guerra Mundial, a profissão dos cozinheiros não era muito valorizada e os instrumentos da indústria agroalimentar que surgiam com a intenção de facilitar a vida deles foram motivo de piada no país. Desconfio que os franceses levaram um tempo para se adaptarem aos novos equipamentos. Já no final do século XX, talvez até os turistas tenham uma parcela de culpa. Ao invadirem Paris, levaram ao surgimento de grandes cozinhas para dar conta da leva de famintos que passavam pela cidade. Com a ajuda da tecnologia, com modernos processos de congelamento e cozimento, pequenos bistrôs começaram a ter uma cozinha com espaço apenas para, por exemplo, tirar o clássico *confit* de pato do *freezer* direto para um forno, muitas vezes sem garantir textura e sabores que valessem o valor cobrado. Resultado: na tentativa de recuperar a fama que estava um tanto abalada, o governo criou uma lei que exigia que o local colasse na porta, ou no cardápio, uma etiqueta – pequena, lembro – com a observação de que a comida não era preparada ali, atendendo, assim, clientes mais exigentes. O decreto passou a valer a partir de 2015. O selo *fait maison* – feito na casa com ingredientes frescos e vindo de produtores locais – pode ser aplicado somente em um prato ou em todo o cardápio.

Porém, o descolamento da evolução da nova gastronomia que surgia não demorou muito. Logo, chefs e jovens talentos traziam novamente os olhares atentos de críticos e jornalistas especializados ao país. Ao mesmo tempo, um movimento para reconquistar gosto e fama surgia. Eram programas de televisão, cursos de chef de cozinha, livros práticos e pedagógicos, conferências, congressos, encontros gastronômicos e feiras. A França recuperou a fama a que tem direito. Neófita na época, assumo o deslumbramento que os espanhóis causaram e justifico o desprezo de alguns poucos anos à França.

ZE KITCHEN GALERIE
Paris

Indiquei esse restaurante mesmo antes de ter colocado os pés no Ze Kitchen Galerie, porque as recomendações de jornalistas conhecidos e confiáveis eram as melhores possíveis. Quem foi adorou e disse que voltaria. Finalmente, pude eu mesma conferir o talento do chef William Ledeuil. Na chegada, esgotei meu minúsculo repertório de palavras em francês. Desnecessário – fui atendida por um simpático português. Sonho em ser poliglota e morar por um tempo em alguns países. Insisto no tema sem muita convicção, mas com esperança.

    A casa é despretensiosa e a comida é muito boa. O salão parece um *loft* nova-iorquino modernista. Na capital francesa, é de se estranhar o nome também. Me esqueci de perguntar a origem, porém, na essência, sei que o local é um legítimo representante do movimento *bistronomique*. Sei também que a palavra *galerie* vem do gosto do chef por artes visuais e das muitas obras de arte contemporânea espalhadas no espaço. Da cozinha, aberta para o salão, vem o toque especial do lugar, a fusão com a comida asiática – Tailândia, Japão, Vietnã e Indonésia passam por ali. Espere criatividade sem sustos. Tem indicação do famoso guia da cidade, Gault&Millau, por mais de dez anos, além de uma estrela Michelin. Depois que o visitei, Ledeuiel abriu mais duas casas: a Kitchen Galerie Bis (KGB), *alter ego* do Ze Kitchen, e a Kitchen ter(re) são versões mais informais ainda e mais baratas.

    O chef tem humor e fôlego; pode ser visto nas redes sociais jogando pingue-pongue numa mesa improvisada com utensílios de cozinha dentro do restaurante. Prepare-se para pratos grelhados, sopas thai, pimentas, *wasabi* com chocolate, mas também *confit* de pato e *foie gras*. É uma festa alegre, saborosa e perfumada ao paladar – quero participar sempre.

LE CHATEAUBRIAND
Paris

Chefs e jornalistas elogiavam. Jacques Trefois, que entende de comer bem, disse que eu tinha de ir, então eu fui. Como eu deixaria de conhecer o restaurante do chef Iñaki Aizpitarte? E que bom que eu fui e provei a comida do irreverente cozinheiro meio basco, meio francês, que já foi vocalista de uma banda de rock e começou a carreira lavando pratos. Difícil foi conseguir um lugar. Na temida ligação para fazer uma reserva, a voz do outro lado me disse o que eu imaginava: lotado. Seco e direto, o atendente recomendou uma chance na segunda rodada, "mas não adianta chegar antes das 21h30". Agora, as reservas são feitas pelo *site*, das 19h às 23h. Achei prudente chegar um pouco antes, o que me garantiu o terceiro lugar na fila que, aos poucos, foi se formando do lado de fora do restaurante. É verdade, eles não deixam entrar antes. Olhei a temperatura, cinco graus; nem precisava, sentia o frio e a garoa fina caindo, mas eu sabia que não podia deixar Paris sem conhecer o Le Chateaubriand.

No horário marcado, as portas do restaurante se abriram e, apesar de quase todas as mesas ainda estarem ocupadas, consegui esperar lá dentro. Sem disfarçar o sorriso, encostei no balcão do bar e pedi uma taça de vinho. Quem deu as boas-vindas foi um simpático e afônico francês que falava português, aprendido com a namorada brasileira, e se desdobrou em explicações e gentilezas. O lugar é pequeno, agitado, muito claro, quase sem decoração, como um simples restaurante de bairro, e você fica colada na mesa do vizinho. O menu de cinco pratos muda diariamente, segue o que a estação e os produtores oferecem; é a única opção e garante o preço baixo para esse tipo de restaurante. Sébastien, o atendente, começou trazendo os *snacks* e com eles vieram as exclamações. Começar com alguma coisa quentinha, como pãezinhos de queijo bem-preparados, é um conforto. Depois, foi a vez de uma salada de siri, com quinoa e raiz-forte, bem caseira. Eles começam a conquistar devagar e com carinho. Na sequência: *mozzarella fumée* com repolho roxo e coração de pato com cinco sementes, dois *snacks* com sabores novos e fortes. Ainda antes do primeiro prato, veio a reconfortante sopa de salsão, com *zest* de laranja e trufa. Ah, queria tanto provar isso mais uma vez. A entrada das vieiras, na companhia de beterraba e rabanete, foi triunfal, parecia uma obra de arte. Passei o pão de fermentação lenta, deixado na mesa, para limpar o prato.

Já sabia que seria impossível não recomendar o lugar. Um lombo de porco ibérico servido com alcaparras crocantes impressionou, como também o sorvete de leite com maçã. Recomendado pelo Michelin, na época da sua abertura, o restaurante entrou na cena gastronômica como um foguete e deixou os *top* chefs franceses boquiabertos. Não me lembro de fundo musical vindo da cozinha de que tinha ouvido falar, talvez porque o autodidata Aizpitarte estivesse duas casas mais para frente, cuidando do novo restaurante, o Le Dauphin. Coloque na sua lista; é um bar de *tapas* bem ao estilo basco. Fui provar em outro dia. Ao final do banquete no Le Chateaubriand, veio o veredicto: a comida desse chef, que consegue uma perfeita sintonia entre produtos frescos e técnica, é extremamente delicada e saborosa, tão saborosa a ponto de seduzir até quem teme combinações ousadas como as minhas companhias na noite gelada parisiense. Merece todos os elogios que recebe.

ALAIN DUCASSE AU PLAZA ATHÉNÉE
Paris

Atravessei a rua, passei pela porta giratória do mítico hotel Plaza Athénée, em Paris, e caminhei confiante até as duas portas de vidro cobertas com cortinas. Conferi a reserva com o elegante recepcionista, que logo em seguida pediu que abrissem o salão do restaurante para eu entrar. Tentei disfarçar o espanto quando dei de cara com aquele espaço luxuoso; parecia cenário de um filme de ficção. Um silencioso "ahhh" nasceu no coração, mas não ousou atravessar a garganta. Então, pensei, melhor fingir naturalidade. "Fiquei sem ar", confessei depois. Essa era a intenção deles, me contou um dos chefes de sala do restaurante de Alain Ducasse. Porém, o ambiente conseguia ser também acolhedor, como se esbarrar em ambientes assim fosse comum. Garçons de luvas brancas cuidando de todos os detalhes sem serem notados. Cristais, porcelanas e prataria dispostos como instrumentos de uma orquestra à espera dos músicos. A beleza do carvalho maciço, do couro, do bambu, do linho, do estanho, entre outros materiais presentes no local, predominando o tom claro, colocava os contrastes em harmonia. Apesar do ambiente, o luxo maior saía da cozinha e estava nos produtos de fornecedores exclusivos. A inspiração vinha da comida preparada nos templos budistas e da qualidade dos produtos de pequenos fazendeiros e pescadores.

Monsieur Alain Ducasse queria mesmo impressionar e, além desse capricho em tudo, ousou oferecer, imagine, um menu único, baseado na trilogia peixe, vegetal e cereal. Com uma nova interpretação para a alta-gastronomia, o chef de muitas estrelas se reinventava. Ducasse dizia não saber se essa seria a cozinha do futuro, mas era o que queria fazer naquele momento. Respeitar a natureza e o produtor era o verbo conjugado ali. Roain Meder, o chef-executivo. Uma verdadeira *haute cuisine*. No menu, entradas vegetais dos jardins do Château de Versailles, com milho e tempero cítrico, e pratos como lagosta azul com folhas de murta e gengibre ou variedades de lula e polvo em caldo de peixe e açafrão.

Saía-se dali pisando em nuvens, com a sensação de estar em dia com as exigências de um mundo que se quer mais justo e equilibrado – e não consegue ser, infelizmente, como se existisse um sonho perfeito. No Plaza Athénée, entre curvas e materiais nobres – eu recomendava reservar o espaço da enorme concha que abraçava apenas dois felizardos clientes de cada vez.

Infelizmente, em 2021, o chef deixou o hotel depois de 21 anos e o restaurante fechou. Mas o chamado "imperador" não se aquieta. Além de outros luxuosos restaurantes, como o Le Jules Verne, na Torre Eiffel, ou o Le Louis XV, do Hôtel de Paris, em Mônaco, Ducasse comanda muitas outras casas em vários países. Com um passeio rápido pelo *site* oficial do chef, é possível ver o impressionante rol de restaurantes, lojas, hotéis, bistrôs e *boutiques* espalhados pelo mundo. Só é difícil voltar para o mundo real depois de entrar no mundo dele.

LE SERVAN
Paris

Nevava em Paris. Apressei o passo. Contornei a esquina envidraçada despida de ornamentos. Abri a porta e puxei a pesada cortina rapidamente, precisava me aquecer. Entrei na casa das duas irmãs Lehva, "metade francesas, metade filipinas", como se identificam. Tinha reserva. Os bons lugares exigem, e o Le Servan está entre eles, é um dos melhores. Elas definem a cozinha como um "bistrô francês com *twist* asiático". Apesar de a acústica não favorecer, o resultado é uma sinfonia, que dá vontade de aplaudir quando a refeição termina. Ali se come muito bem. Já voltei, claro.

Tatiana, nascida nas Filipinas, é a chef-executiva; trabalhou em dois dos melhores restaurantes da cidade, com os chefs Alain Passard e Pascal Barbot. Katia, a francesa, é formada na Suíça, cuida do salão e dos vinhos, é gerente e *sommelière*. Elas seguem os mentores – seus espíritos parecem rondar aquele espaço quase espartano – e surpreendem os clientes. Aberto em 2014, o restaurante está na linha dos estabelecimentos mais acessíveis, criativos e modernos, sem assustar, que priorizam ingredientes locais e orgânicos. É o que todo mundo no planeta parece implorar. Também moraram em Hong Kong, além da Tailândia, e isso explica muita coisa. Influências vindas de imigrantes, como o *wonton boudin noir*, aparecem na cozinha, sem esquecer os clássicos, como cérebro de vitela. Calma, não precisa torcer o nariz – não será obrigado a comer. Pratos mais conhecidos podem ser pedidos *à la carte*, entre eles codorna laqueada e vieira – apesar de ser servida crua, envolta em gelatina.

O cardápio é sazonal e muda todos os dias, avisam, às vezes nem dá tempo de imprimir. Tomara que tenha sorte de ser a vez do pato à milanesa com molho doce de pimenta. Você o encontra no *zakouskis*, nome russo para *finger food*, os pequenos bocados. O que impressiona ali? A não pretensão e a técnica usada em bons produtos. Serviço e carta de vinhos somam-se à equação. Parece tudo simples e é – como outros estabelecimentos que pipocaram nos últimos anos. São os jovens chefs que aparecem dando as cartas agora, apostando tudo numa comida com sabor, respeitando os produtores, e bons preços. As mesas de madeira, sob o teto *trompe-l'oeil*, estão sempre ocupadas. É o *neo-bistrot*. Uma versão atualizada do que conhecíamos por *bistronomique*.

O sucesso que chegou em menos de dois anos, sem assessoria de imprensa, assustou as jovens proprietárias. Talvez os antigos patrões possam ter contribuído para impulsionar o local, mas sem o talento da dupla e a proposta da casa dificilmente chamariam a atenção da crítica especializada e da vizinhança do meio distante 11º *arrondissement* de Paris – onde tudo acontece, dizem. E quando descobri que abriram a segunda casa, a Double Dragon, um restaurante de vinhos naturais, mais casual ainda, onde a influência das Filipinas é maior, fiquei pensando em como dar um jeito de conhecer.

MIZNON
Paris

Enquanto via no Instagram as fotos de uma chef brasileira comendo no Miznon, salivei. Resolvi que iria até o restaurante. Simplesmente, não ficaria sem conhecer a comida de rua israelense em Paris. "Cada *pita* é único", afirmam. E é mesmo. O cardápio é tentador; pode parecer meio confuso, talvez precise de ajuda na primeira vez. Você vê o preparo de *falafel pita* – o bolinho de grão-de-bico no pão –, *hummus* – a pasta de grão-de-bico –, *kebab* – o espetinho de carne –, hambúrguer, saladas e molhos e quer provar. Depois de escolher o que vai comer, paga e espera chamarem pelo nome, encontra um lugar para sentar, come em pé, leva um banquinho para a calçada, enfim, faz o que quiser, vale até dançar, a música é ótima. E como dançar em Paris pode ser até na rua, seduzida pela informalidade da casa, um estilo caótico que envolve, entrei no clima.

A alegria dos atendentes e cozinheiros é contagiante. O pedido está demorando muito? Você ganha uma cerveja. O vinho não está bom? Abrem outra garrafa e dão uma taça. O importante é ver o cliente feliz. A casa de Nova York é maior e também está sempre lotada. Não tem o mesmo charme, mas a comida é igual. Ainda não conheço os demais restaurantes marcados no mapa pelo mundo, Viena, Londres, Tel Aviv, entre outros. O Miznon virou uma grande rede internacional do israelense Eyal Sharu, um chef celebridade que ama comer. Ouvi falar que ele abriu quarenta restaurantes, em cinco continentes. A couve-flor assada é outra especialidade do local, aprendi a fazer – eles chamam de *#foodporn* – e virou pão quente na minha casa. O primeiro restaurante foi aberto em Tel Aviv, em 2011, depois veio esse no Marais, bairro que nos convida a andar sem rumo e parar ali. Poderia morar por perto; iria no Miznon sempre, nem que fosse só para me animar.

LA TABLE D'AKI
Paris

Abri a porta de vidro e afastei a pesada cortina vermelha para entrar no La Table d'Aki. Olhei para os fininhos fios vermelhos no teto segurando pequenas lâmpadas. Eram os únicos detalhes. Akihiro Horikoshi estava trabalhando sozinho na minúscula cozinha aberta para o salão de poucas mesas. Ele levantou a cabeça acenando com um discreto cumprimento e continuou seu trabalho. Sua esposa sorriu e indicou minha mesa. Assim começou a experiência no pequeno restaurante do casal.

Akihiro nasceu no Japão. Trocou seu país por Paris, em 1997, para estudar. Ficou muitos anos no tradicional restaurante L'Ambroisie, da lista dos três estrelas Michelin. Era responsável pelos frutos do mar, ali descobriu que o ofício era sua paixão. Deixou o curso na Sorbonne para trás. Em 2012, abriu o La Table d'Aki. Sozinho, faz as compras, cozinha e cuida da limpeza. Sua mulher fica no salão. O restaurante é extremamente minimalista, da decoração ao menu, que pode ser de quatro ou seis etapas, entradas e pratos que mudam todo dia, e uma sobremesa, que pode ser uma torta dividida entre os clientes.

Ao som baixinho de música clássica, Aki prepara um cardápio de frutos do mar e avisa que usa carne no preparo dos caldos. Os molhos não são pesados e nada é ultracozido. O cliente apenas precisa dizer se tem alguma restrição alimentar e escolher a bebida. Meu desejo seria voltar mais vezes, parece que pedidos de clientes mais assíduos são aceitos. Aki recebe todos: são dezesseis felizardos no almoço e dezesseis no jantar. Imaginando-os amigos em sua casa, oferece o melhor no dia, me contou. Comida francesa, chef japonês. Parece que agora Aki ganhou um ajudante na cozinha e no verão as cortinas da porta são removidas – uma pena, gosto do clima teatral. Ajuda a entender o espetáculo. Vou esperar o inverno para voltar.

YAM'TCHA
Paris

No exato momento que a chef francesa Adeline Grattard aparece numa cozinha na China, não, acho que foi quando ela se apaixonou por chás, nem sei mais – sei que a partir de algum ponto da série *Chef's Table: France*, da Netflix, levantei do sofá da sala com a decisão de conhecer o Yam'Tcha, em Paris. Saborear o encontro dessas duas cozinhas foi o sinal que eu segui sem me arrepender. Mergulhei na vida da chef e vivi sua busca por inspiração e a difícil adaptação dela naquele país. Adeline é francesa e é casada com o chinês Chi-Wah Chan.

As duas culturas estão por toda a parte. Sorte ter ido mais de uma vez e ter aceitado harmonizar minha primeira refeição com chá, aos cuidados dele, além de vinho. Melhor ainda foi poder repetir. E Adeline só entendeu por que o marido comprava tanto chá quando foi até a China e provou lá pela primeira vez. "O chá é muito poderoso. Você sai completamente diferente daquele bairro". Também entendi. Tenho a mesma afinidade que ela pelo exótico. Deve ter sido por isso que saí quase flutuando do restaurante. Ela tentou reproduzir na sua cidade um pouco do que viveu na China. Conseguiu. Colocou os pés nos dois países e dosou com o coração as técnicas chinesas com ingredientes franceses.

O Yam'Tcha é a casa da delicadeza, de sabores puros e do bom-gosto. Um lugar diferente, onde se sente a paixão pelo ofício. Você até esquece que está em uma grande cidade, até do motorista de táxi que tentou te enrolar minutos antes errando o caminho de propósito. E o casal deixou tudo ainda melhor. Agora, é possível fazer compras na *boutique*, "a casa do chá", na qual se pode comprar também o *bao*, os famosos pãezinhos cozidos no vapor, que fazem sucesso, e ter uma refeição mais casual no Café Lai'Tcha. Quase me esqueço de falar do significado do nome. *Yam'Tcha* é uma palavra cantonesa que significa *comer* dim sum *e beber chá*. Simples assim. Conhecer o Yam'Tcha foi a melhor decisão que tomei vendo uma série na televisão.

SEPTIME
Paris

Caminhe devagar pela *rue* Charonne, no descolado 11º *arrondissement*, perto do número 80. Você pode passar pelo Septime e perdê-lo de vista. Um pequeno cartão colado no vidro do restaurante é a única identificação do lugar. Os adesivos com as estrelas e menções também estão escondidos e não são poucos; sim, Michelin e *50 Best*, entre outros, estão lá no canto da janela no andar de cima – você não vai ver se não souber disso. O chef diz que é de uma geração que não se preocupa muito com prêmios como as anteriores. Pode ser – o fato é que o Septime e ele merecem todos.

E se a pousada que faz parte do Septime "*family*" não ficasse na Normandia, eu a escolheria só para ficar entrando e saindo de um dos locais tocados pelo sério Bertrand Grébaut. São quatro: Septime, Clamato, La Cave e a *pâtisserie* Tapisserie. Não se preocupe, você pode se hospedar em outro hotel em Paris, ir de metrô, a pé, de carro ou de bicicleta, mas vá, não deixe de conhecer. Já almocei, quando o menu de cinco passos era mais barato, já provei o menu de sete pratos no jantar e continuo querendo experimentar mais. Também me espremi dentro do La Cave, do outro lado da rua, em um dia de frio, tomando vinho e aperitivando enquanto aguardava uma mesa no Clamato. Já jantei no Clamato, claro, é igualmente imperdível.

O trabalho dele despertou a atenção da crítica e de quem gosta de comer bem desde a abertura. Grébaut é da escola "natural" de Alain Ducasse, teve a oportunidade de viajar e trabalhar com Alain Passard depois de sua formação. Diz que começou tarde na profissão porque primeiro cursou artes gráficas, mas aos 26 anos já tinha alcançado a primeira estrela Michelin. A base de sua cozinha é clássica, porém a relação próxima com produtores estabelece o norte: é vegetal. A seleção rigorosa de vinhos naturais pelo *sommelier*, amigo e sócio Théo Pourriat completa a experiência que faz a dupla ser famosa e nos chama para entrar em qualquer um dos estabelecimentos deles. Seus empreendimentos são modernos e simples, parada obrigatória mesmo. Quero entrar e sair dessas portas da *rue* de Charonne muitas vezes ainda. A comida? Espetacular.

CAFÉ PRUNIER
Paris

Chegar à Place de la Madeleine, de tantos significados, é marcante. A imponente igreja parisiense está cercada de casas onde o pecado da gula deve ser perdoado. Começo o passeio aleatoriamente e sigo entrando em quase todas as portas que rodeiam a praça. Uma delas vende ostras e caviar francês; outra tem trufas e caviar russo; já aquela tem chocolates e doces; mais para frente estão bebidas, vinhos, chás e pães, enfim, um pequeno paraíso. Sempre recomendo umas voltas por ali. Reserve algumas horas para isso.

No Prunier, meu conselho é não investir tempo e dinheiro nos pratos do cardápio; peça apenas a degustação de ostras de várias localidades diferentes e as ovas do peixe chamado esturjão. No máximo, o salmão defumado *balik*. Isso era o que eu sempre dizia, antes de saber que o chef Yannick Alléno estaria no outro endereço da casa, na avenida Victor Hugo. Enfim, preciso voltar e conferir. No Prunier da Madeleine, aprendi a acrescentar batatas cozidas às pérolas negras, servidas ao lado do creme azedo e dos *blinis*, ah, os *blinis*, os pequenos discos de massa macia, acompanhados de uma taça de champanhe, me lembram castelos e fadas. Esse lugar indispensável existe desde 1872. É possível fazer degustação também de caviar, ideal para conhecer os vários tipos. Uma vez na vida, por que não? Aconselho entrar na igreja antes de deixar a praça – agradeça ou peça perdão.

ASTRANCE
Paris

O sol fraquinho espichava-se e vencia os galhos das árvores perto do pequeno restaurante; ajudava quem caminhava no frio, parecia um cenário. Para ficar melhor, uma refeição sem erro era a esperança, e foi. No Astrance, o menu degustação é recomendado; no almoço, a conta será menor, foi a opção escolhida. Como a cotação do euro varia bastante, pode não fazer sentido gastar uma pequena fortuna numa refeição. Pascal Barbot, ao lado de Christophe Rohat, ambos vindos do L'Arpège, de Alain Passard, são os responsáveis pela abertura há mais de 20 anos do refinado restaurante. O cardápio é bem variado, vou dar algumas pistas: espere por iguarias como *foie gras* e caviar; frutos do mar fresquíssimos, um peixe que pode ter sido marinado no missô e grelhado; o toque oriental está ali, algas e arroz japonês para provar; algumas massas, um delicado ravióli entre elas; cogumelos, com sorte pode encontrar *morilles*, e vegetais; leitão, pato e carneiro sempre presentes. Na sobremesa, a massa folhada, que pode aparecer na versão salgada, entre outras criações, como as esculturas de frutas cítricas e doces suaves. Tem rigor nessa cozinha onde a gente vê sofisticação. Ao deixar o Astrance, voltei à realidade: o sol não estava mais lá fora e o frio tinha aumentado, mas o que importa? Ah, não deixe de pedir a harmonização; os vinhos valem o investimento.

L'ARPÈGE
Paris

Acordei animada – fui contida no café da manhã, pois almoçaria no cultuado L'Arpège, onde reinam os vegetais e o chef é chamado de poeta. Alain Passard espera transformar a vida de quem entra no seu restaurante com preciosidades cultivadas no jardim perto de Saint-Michel. São famosos seus raviólis transparentes, o sorvete de mostarda e os nhoques quadrados de abóbora, entre outros pratos. Na única visita, fiquei numa sala acanhada, mas o chef passou lá para que o vissem. Além dos vinhos, a mesa de queijos era de arrepiar, vontade de provar todos. Intimista, o local tem poucas mesas, a decoração é mais moderna. Gostei, não poderia escrever sobre gastronomia sem conhecer o trabalho do chef. Sei que a fama do local anda abalada, há clientes habituais que o veneram e muitos cozinheiros idem, mas não é unanimidade. Críticos famosos acusam os guias por repetições viciadas. Outro ponto é que de fato existem muitos chefs talentosos que entregam refeições instigantes e melhores por menos da metade do valor cobrado nos endereços famosos. Minha primeira e única experiência no restaurante me deixou com a sensação de que preciso voltar. Fazem tudo para que você se sinta como um nobre. Cobram muito bem por tudo isso – claro, não se esqueça, é um três estrelas Michelin.

BENOIT
Paris

Procurei na minha enorme lista de restaurantes um típico bistrô parisiense, daqueles antigos com pequenas salas, mesas coladas, veludo vermelho nos sofás e cadeiras e espelhos que fazem o intruso na cidade sentir-se um local. Minha companhia para o almoço já havia morado na cidade, imaginei temperar o encontro com nostalgia. Escolhi o Benoit. É um lugar seguro, a comida vale, dá para ir sem medo. Sim, temos armadilhas até na famosa cidade. Além de tudo, é muito bem frequentado, também é fato, podemos ter ao lado de conhecidos curitibanos até Mick Jagger.

Quem comanda a cozinha é o multiestrelado Alain Ducasse, o que já atrai muita gente. A família de Benoît Matray, o primeiro proprietário, foi passando o comando de geração a geração desde 1912 antes de vendê-lo para o chef francês. Único da categoria com uma estrela Michelin, ganhou modernidade com Ducasse, sem perder a classe. Já faz tempo da minha visita, mas nem preciso fechar os olhos para sentir a atmosfera e me lembrar da comida como se tivesse estado lá ontem. Outra vantagem da casa é que abre aos sábados e domingos, todos os dias da semana, o que não é tão comum na capital francesa. Tem patê de *foie gras* com brioche, *beef tartar* e *escargot*. Tem bacalhau confitado, *cassoulet homemade*, pato com figo, filé rossini e uma cassarola caprichada. Tem os queijos franceses. E as clássicas sobremesas: mil folhas, profiteroles, suflê, torta da estação e sorvetes. No momento em que escrevo, Kelly Jolivet é a chef. No almoço também há uma opção diferente mais em conta: entrada e prato principal; prato principal e sobremesa; ou entrada, prato principal e sobremesa. Visita para quem gosta da típica cozinha francesa – o lugar salva a reputação desse tipo de restaurante.

Uma vez, perguntei ao exigente *gourmand* Jacques Trefois, em quem confiava totalmente no quesito, sobre os melhores bistrôs, além do Benoit, e ele foi categórico: são poucos. "Uma estrela Michelin, cem anos, mil razões para visitar", eles dizem – e é verdade.

CLAMATO
Paris

O chef Bertrand Grébaut toma conta da quadra. A poucos passos de distância, três endereços reinam ali: Septime, Clamato e La Cave. Está localizado em um bairro mais afastado, que tem chamado a atenção pela qualidade dos restaurantes da região. Desde 2013, o Clamato, colado ao Septime, é o irmão nada ambicioso, que ganha pontos da crítica por ser despojado, ter bom preço e excelentes opções; o forte ali são os frutos do mar. Mesmo que não soubesse da fama do chef, ao passar pela charmosa fachada verde, com um banquinho em frente e olhar para dentro dos janelões, seria sugada para dentro. Ao entrar, ficaria hipnotizada pelo quintal nos fundos, o mesmo do Septime. Não precisa reservar, mas chegue cedo. Abre domingo, outro ponto para o local. O cardápio é enxuto e bem-executado. Penso em repetir as sardinhas marinadas, o sanduíche de enguia defumada, o tartar de truta. Não saia sem provar as ostras; aliás, prove tudo o que puder.

ABRI
Paris

Não queria modernices nem contas altas. Procurava um lugar pequeno, onde pudesse ver o cozinheiro e suas panelas, e comer bem. Achei. Encontrei o Abri e conheci o trabalho de Katsuaki Okiyama. Foram duas tentativas até que a porta do restaurante se abrisse pra mim, não vá sem reserva, nem se for o dia do sanduíche; descobri que agora tem o Abri Café, com doze doces de derreter corações. Antes, era um dia apenas da semana no qual não era servido menu, só o sanduíche tradicional japonês, – o melhor que já provei –: carne de porco à milanesa (*tonkatsu*) com repolho, queijo, omelete, ervas, mostarda, maionese, purê de couve-flor. Pode não parecer, mas a combinação é perfeita, o sabor idem. Tão bom que indiquei o restaurante mesmo antes de voltar para uma refeição completa. Foi a segunda vez que fiz isso e não errei.

É mesmo um *abrigo*, na tradução do francês, tudo muito simples – do menu ao ambiente, com uma minúscula cozinha aberta para o minúsculo salão. Insista ao telefone para reservar – sempre está ocupado. Tenha paciência, ou correrá o risco de não conseguir um lugar, a casa tem vinte mesas e lota rápido. A proposta do chef são suas versões para clássicas receitas conhecidas em duas opções, quatro e seis tempos. Ele dá o ar contemporâneo à cozinha francesa, com o rigor e a sutileza dos japoneses. Coloque na lista.

LE MEURICE
Paris

Respire fundo, você está em um palácio. É um dos salões mais ricos do mundo, inspirado em Versailles. O "mais lindo e antigo" também, escuto, com seu teto branco e lustres de cristal dourado, peças valiosas e criações originais. Sabia que cruzava uma fronteira – estava mais uma vez no império do chef Alain Ducasse. No almoço, pedi a mesa perto de uma das janelas enormes. Sentei e o olhar foi longe, alcançou as alamedas do Jardin des Tuileries ali em frente, imaginei o castelo da rainha Catarina de Médici, construído no terreno onde tinha uma fábrica de telhas, as *tuiles*. Quase sentia pulsar o coração de Paris no mais imponente jardim da cidade. Estava na margem direita do Sena, entre as esculturas de Rodin, Giacometti e Carpeaux. Olhava para as árvores altas podadas simetricamente formando um corredor alado quando fui interrompida pelo champanhe chegando à mesa.

Voltaria ao Le Meurice, que recomendo se for o caso de um dia querer uma experiência luxuosa. Pelo menos para um almoço. Ou pense, quem sabe, em tomar um chá no outro salão, o Le Dali, decorado pelo arquiteto Philippe Starck. Não esqueça que o genial Cédric Grolet, um dos melhores *pâtissiers* do mundo, tem loja ali e é o responsável pelos doces servidos no hotel. Quem comanda o restaurante, que tem o selo *écotable* – desperdício zero e uso de produtos frescos e sazonais, 50% orgânicos e de origem sustentável –, é o chef Amaury Bouhours. Um dos mimos que oferece é a mesa exclusiva, a *chef's table*, para oito privilegiados. "Quem sabe um dia", penso e imagino como seria. O Le Meurice ainda tem serviço impecável e uma carta de vinhos única, porém cara. Outro hotel vizinho no mesmo estilo é o Hôtel de Crillon, da rede Rosewood, dose extra de luxo e bom-gosto. Presenteie-se, se puder; é outro lugar também para um chá da tarde. Decidi prolongar a sensação de pertencer à realeza. Terminei o almoço e atravessei a rua para entrar no jardim.

L'AMBROISE
Paris

Se o nome *L'Ambroise* vem da mitologia grega e significa *alimentos dos deuses* ou *fonte de imortalidade*, ou quem sabe o restaurante seja chamado assim por conta da ambrosia – o doce "dos deuses do Olimpo" –, não importa; estando lá, você se sentirá um deles. O templo de luxo discreto e silencioso, com serviço perfeito à francesa, modelo da tradição e formalidade, tem três estrelas do Guia Michelin há mais de trinta anos. O cultuado chef Bernard Pacaud é o responsável por manter, entre os arcos da Place des Vosges, com a esposa, o restaurante considerado a quintessência da alta-cozinha francesa – a chamada *haute cuisine française*. Hoje, conta com a ajuda de seu filho e chef, Mathieu Pacaud. Pratos icônicos, como o robalo com molho de caviar, as vieiras com trufas, o fricassê de lagosta ou *escargot* e *foie gras* em várias versões, além da famosa torta de chocolate, de "cacau amargo", estão no cardápio, e eles avisam: "respeitam a tradição... dão prova da simplicidade ao longo das estações". Capriche no traje – homens devem usar paletó –, você está em um palacete italiano; a refeição será servida entre esculturas e tapeçarias. Antes ou depois da refeição, prolongue o prazer com um passeio pela praça, desfrute do lugar. Lembre-se de que o escritor Victor Hugo morou ali ao lado, e sua casa, que é museu, vale a visita.

LE CINQ
Paris

Tentava lembrar como tinha sido a refeição no Le Cinq e se era importante colocá-lo aqui. Estava na relação dos restaurantes e não me lembrava – ou não fui, ou não havia me impressionado com o restaurante. Daí achei a nota reveladora. Estive lá. Prova em mãos. Menu de almoço. Por que, então, não escrevi sobre ele? Para uma análise crítica, precisaria voltar. O Le Cinq está localizado dentro do hotel Georges V, da rede Four Seasons, ao lado de outros três restaurantes: La Galerie, Le George e L'Orangerie. O chef era Christian Le Squer. Os restaurantes três estrelas Michelin seguem o mesmo roteiro em várias cidades: instalações luxuosas, serviço correto, carta de vinhos com raros e caros rótulos, menus clássicos com toques contemporâneos executados com técnicas perfeitas. Foi ruim? Não. Vi as fotos que tirei para me certificar. Só não emocionou. Terá apreciadores? Com certeza.

BREIZH CAFÉ E DÉLICES DU SHANDONG
Paris

Ande pelas ruas do Marais e almoce naquela que é considerada a melhor *crêperie* de Paris: a Breizh Café. O lugar costuma lotar nos finais de semana, então reserve, ou passe lá antes da caminhada e deixe seu nome da lista. Não fiz isso, quase corri risco de vida. Olhei para minha convidada, vi que conseguir um lugar no Breizh seria difícil. Ela só consultava o relógio, e o horário do almoço passando. Pelo canto do olho, vi que bufava. Ela fica nervosa quando está com fome. Saquei minha caderneta salvadora nas emergências.

Aquela hora, passava das duas da tarde, seria difícil encontrar um lugar. Ela tinha restrições, o que piorava o dilema, não aceitava quase nenhuma das minhas sugestões. Délices du Shandong brilhou para mim. Pode ser chinês? Ela me disse: "Pode". Ufa. Uma ligação, um táxi virando a esquina. Sorri. Fui salva. Assim descobri um local tradicional, pequenininho, com bom preço, que serve pratos de várias regiões chinesas, como carne ao estilo da Mongólia, frango de Dongbei e pato laqueado, mas também pratos ao estilo francês, Shandong-Alsace. Os *dumplings* são considerados os melhores de Paris, dão fama ao restaurante, e você pode ver os cozinheiros preparando. Quanto ao Breizh, a casa do crepe, "que não é como as outras", diz um crítico, volto sempre que posso. São vários endereços em Paris e também na Bretanha, em Lyon, em Bordeaux e no Japão. Conheci o dono, um simpático bretão, por acaso. Bertrand Larcher almoçava em uma mesa colada à minha e suspirávamos lado a lado, ele com a esposa, eu com uma amiga, no muito recomendável Septime. Engatamos uma conversa sobre nossas preferências. Como é bom ter listas – mais uma vez me salvaram, sou a rainha delas, coleciono endereços em cadernetas ou no bloco de notas e saio por aí tranquila.

LE RIBOULDINGUE
Paris

O desejo de comidas tradicionais me levou até uma portinha estreita. Tinha ao lado uma janela comprida na fachada, embaixo de uma faixa vermelha com o nome do lugar despencando junto com bonequinhos dançantes. Le Ribouldingue, ou, em uma tradução livre, *vamos fazer a festa* – é assim que o despojado restaurante se apresentava. Já na entrada, entreguei-me de corpo e alma à *terrine* da casa feita de bochecha e nariz de porco. Depois, as exclamações foram para a omelete com orelha de porco. Faltou coragem para pedir a sugestão do dia: tripas e cérebro. O prato era grande, pensei em dividir, minha companhia arregalou os olhos e afastou a intenção. "Eles adoram o abate", avisam no cardápio. Gostam de miúdos. Fui com calma. Preciso de cúmplice. Dos franceses na mesa ao lado, só escutei *hum-hum*. Encerrei a refeição com um inesperado e leve *sorbet châtaignes aux marrons confits* – só por ele não pensaria duas vezes em voltar lá. Tudo isso por trinta e dois euros.

Na saída, como avisou meu guia Jacques Trefois, o respeitado especialista, foi só olhar à esquerda e ver a beleza da Catedral de Notre-Dame iluminada para completar a noite. Se fosse de dia, era só virar a esquina para encontrar a Shakespeare & Company. O restaurante fechou. É, eu sei, bem triste. Não tenho ideia de onde Nadège Varigny foi parar com a cozinha inspirada em sua infância em Grenoble. Sumiu. Uma pena. Se alguém souber, por favor, avise.

PÂTISSERIE DES RÊVES, HUGO ET VICTOR, PATRICK ROGER E JEAN-PAUL HÉVIN
Paris

Como deixar Paris e não falar de alguns endereços doces? São muitos na capital francesa; separei quatro. Em primeiro lugar, Jean-Paul Hévin. Não tenho controle com algumas coisas. Uma delas é a minha relação de amor com a castanha portuguesa, sempre devoro até acabar; e a dele, banhada em uma calda, faz com que eu tenha paz e encontre o ápice da satisfação. Coloco uma caixinha na bagagem de mão porque quero comer em casa, de olhos fechados, lambendo os lábios a cada mordida, estendida na minha poltrona preferida depois de uma refeição.

Outro endereço é a Pâtisserie des Rêves. Preciso comer um doce de Philippe Conticini saído das belas cúpulas de vidro que guardam as tortas e mil-folhas montadas na hora. Se isso não acontece, me sinto como se não tivesse ido a Paris.

Parte do programa de visitas doces é ver qual é a última escultura do "Rodin do chocolate", Patrick Roger. As obras dele impressionam, os chocolates também. É um artista. São vários endereços na cidade. E, finalmente, para diminuir a ansiedade de que sou vítima, aconselho a butique Hugo et Victor, em Saint-Germain. Escolha pelo menos um bombom exclusivo e delicie-se com as opções de chocolate, caramelo, pistache ou café. A vida fica melhor assim.

"Um país que educou paladares no mundo inteiro como nenhum outro", disse o ator italiano Stanley Tucci, apaixonado por gastronomia. Não é voz única. Não vou discordar. A Itália acabou, injustamente, como a França – em segundo plano em minhas pesquisas gastronômicas iniciais. Logo eu, que fui criada em casa ao som da *chitarra* cortando massa fresca. *La cucina de casa*, a cozinha da casa, é levada a sério pelas famílias de lá e da minha. O cozinheiro e poeta Arquestrato, que viveu no século IV a.C. em Siracusa, na Sicília, escreveu na época sobre a importância do uso de ingredientes frescos, "da estação e de primeira qualidade". Sim, respeito ao ingrediente sempre foi lei no país. Justo então que o *slow food* surgisse lá para depois ganhar o mundo pela voz do jornalista Carlo Petrini, no século XX, para salvaguardar o país da invasão de comida industrializada, o *fast food*, e de produtos de origem duvidosa, como as fraudes como em um episódio ocorrido com o vinho.

Outro destaque do país são os selos de garantia de alimentos: Indicação Geográfica Protegida (IGP) ou Denominação de Origem Protegida (DOP), concedidos pela União Europeia, além dos concedidos aos vinhos, Denominação de Origem Controlada (DOC) e Indicação Geográfica Típica (IGT), que muitos produtos apresentam para garantir a tradição, a autenticidade e a qualidade. Quase todo mundo conhece, já experimentou ou ouviu falar, por exemplo, do presunto de Parma, do aceto balsâmico de Modena, ou do queijo *parmigiano reggiano* da Emília Romana, e poderia citar muitos mais, de várias partes do país. É assim que, por exemplo, mesmo sem plantar café, a Itália tem fama com a bebida. Difundiu o hábito, o uso das máquinas de café espresso e dominaram a técnica de torrefação, além de ser especialista em misturar, criar *blends* únicos e sempre prepará-los na hora de servir, para garantir o sabor.

Popular e amada, típica e regional, a gastronomia da Itália, difundida por imigrantes no mundo todo, é muito respeitada. As guerras obrigaram a simplificar a comida – era preciso usar o que tinha disponível, surgiram pratos emblemáticos, como o *spaghetti cacio e pepe*: macarrão, queijo e pimenta.

O ritual da mesa italiana inclui antepasto; primeiro prato, pasta, mais de 300 tipos, ou risoto; segundo prato, carne ou peixe; uma guarnição com vegetais ou legumes; doce ou fruta, ou os dois. O queijo pode entrar como substituto em uma das etapas, enfim, uma refeição completa e equilibrada. Comidas e vinhos formam a identidade gastronômica do país e estão ligados às raízes familiares. Mas pesquisadores divergem um pouco sobre a definição da gastronomia do país. Para alguns, é regional porque até 1861 o país era formado por estados independentes. Certo mesmo é que é diversa e recebeu influências de outros povos, como árabes e espanhóis. Cada parte do território tem seus pratos, produtos e vinhos locais – é o país com a maior produção da bebida, a "terra do vinho", tamanha a quantidade de vinhedos por lá. Souberam criar uma cultura gastronômica rica e conquistar fãs além das fronteiras.

AL PONT DE FERR
Milão

A "ponte de ferro", projetada por Leonardo da Vinci, quase na porta do lugar, uma fortaleza de mais de cem anos, dá o ar nostálgico à casa e o nome, Al Pont de Ferr. Depois de andar por um calçadão, chega-se à osteria. Por um momento, achei que tinha voltado para a minha cidade e que entrava na cantina Baviera, infelizmente, com uma trincheira para carros em frente e não as águas de um canal, como em Milão. Mesmo distante, estava em casa – era a *sommelière* Maida Mercuri, conhecida como a dama de Navigli, nome do bairro, há mais de trinta anos no comando da casa, a responsável. Foi ela quem levou o uruguaio Matias Perdomo, o primeiro uruguaio a ganhar uma estrela Michelin, para os dias de glória da cozinha dali. Hoje, não sei como está o Al Pont de Ferr, porque Perdomo saiu para abrir um restaurante autoral no centro de Milão; preferia ele no antigo endereço. A minha recomendação seria ir por Maida, a alma do lugar, e tomar um vinho com ela. Só que na revisão deste texto, sofro outro baque – descubro que Maida aposentou-se. Não digo mais nada, vou atrás dela.

OSTERIA FRANCESCANA
Módena

Nevava muito quando embarquei no Fiat Cinquecento que tínhamos alugado. Destino: Módena, rumo ao restaurante do chef Massimo Bottura, na companhia de dois cozinheiros brasileiros, os irmãos Castanho. Éramos quatro no carro, que lotado parecia de brinquedo. Ainda tinha a bagagem deles, que incluía alguns itens para a apresentação que fariam no congresso de gastronomia Identità Milano. Acho que devia ter até um isopor; chefs costumam carregar um. Desembarcaram em Milão, vindos de um voo longo saindo de Belém para São Paulo até chegar ao destino e, de tão cansados, conseguiam dormir encolhidos no espaço minúsculo do banco de trás. A jornalista Luciana Bianchi havia feito a reserva no restaurante e dirigia, eu ao lado, atenta para ver se continuávamos na estrada.

Até hoje não sei como chegamos à Osteria Francescana, fechada por conta da noite fria e molhada. Fomos deslizando devagar até lá; a viagem normalmente feita em menos de uma hora durou uma eternidade. Ao entrarmos no restaurante, tarde da noite, encontramos o chef, que nos esperava. Éramos os únicos ali.

Quando me lembro de Bottura dando uma colherada de um dos pratos na boca do Thiago, além de explicações de como o havia criado, tenho certeza de que foi uma experiência única. Tive a sorte de provar muitas de suas emblemáticas criações numa noite em ótima companhia, com direito a riso solto. Só faltou experimentar o famoso *croccantino di foie gras con cuore di aceto balsamico*.

A Osteria Francescana é considerada um templo, e Bottura um artista talentoso, elétrico e apaixonado pela cozinha. O espírito inovador do chef, como outros que já mencionei, tem raiz no famoso elBulli, de Ferran Adrià, que inoculou as sementes de uma revolução na gastronomia, hoje refletida em vários restaurantes pelo mundo. Isso explica, por exemplo, a sobremesa que ficou famosa: "derrubei minha torta de limão", o doce servido estatelado em um prato que parecia trincado.

O restaurante é considerado um dos melhores da Itália, apesar de receber algumas críticas ácidas. O chef é um ídolo, e não só no país, muito por conta de seu trabalho social com a Food for Soul, uma organização sem fins lucrativos, que toca ao lado de sua esposa, Lara Gilmore. Bottura também apoiou a criação do Refettorio Gastromotiva, no Rio de Janeiro, que contou com a ajuda da jornalista Alexandra Forbes. O projeto Gastromotiva, do chef curitibano David Hertz, entre diferentes atividades, promove cursos e alimenta pessoas em situação de vulnerabilidade. Bottura sabe que os chefs famosos têm outro papel a desempenhar além da cozinha.

Hoje, ele também é o responsável por vários empreendimentos, como o hotel Casa Maria Luigia. Nossa ideia seria voltar na mesma noite depois do jantar; o chef não deixou. Tivemos que concordar, seria loucura. O problema, imaginei, seria apenas não ter roupa para trocar no dia seguinte, nem pijama, nem meu kit de maquiagem – minha mala estava em Milão. Sorte que carrego comigo escova e pasta de dentes. Não sabia que antes de chegar à pousada enfrentaria duas quadras de pedras lisas do centro de Módena, as ruas fechadas para os carros. Venci o desafio, braço dado com o jovem Felipe Castanho, a quem pedi socorro: "Imagine que está com a sua mãe". Achei que com essa súplica ele não me largaria; deu certo. A sola lisa de borracha da minha bota portou-se como um par de esquis querendo deslizar na neve. Noite como essa dificilmente se repetirá, jamais esquecerei.

AL MERCATO
Milão

A garoa fria – por sorte, não era a nevasca típica do inverno europeu como na noite anterior – não me impediu de aguardar um lugar no pequeno restaurante Al Mercato. Uma cozinha envidraçada era a improvável divisão entre uma hamburgueria e a pequena sala-palco, onde eram servidos menus degustação; ambos abertos em 2010. O parapeito da janela, que dá para a rua, virou um improvisado balcão. Um toldo estreito protegia um pouco, o aquecedor externo deixava o ambiente menos inóspito e taças de vinho ajudavam a suportar a espera para provar um dos melhores sanduíches de Milão – o lugar sempre tinha fila na porta. A dica para o hambúrguer perfeito veio de um curitibano que morava na cidade. Não consegui conhecer as duas outras casas da dupla, o bar de tacos e o *noodle* bar, que, me garantiam, também faziam sucesso – foram chamados de os reis da comida de rua. Na atualização deste texto, fico sabendo que o jovem chef Beniamino Nespor faleceu em 2016, aos 34 anos. Hoje, Eugenio Roncoroni tem ao lado Stefano Francescon e estão em um outro endereço bem maior. Ainda não consegui voltar para conhecer as outras casas e nem repetir o sanduíche. Bar de tacos e de *noodles*? Minha lista só aumenta.

HARRY'S BAR CIPRIANI
Veneza

Me esbaldei no Harry's Bar Cipriani sem culpa. Ainda mais porque estava na icônica casa de Veneza. Não esperava nada, nem reserva tinha. O *maître* me disse para ficar no bar e o *barman* sorriu. Imaginei que essa cena devia acontecer com frequência. Uma hora ali passou muito rápido. Depois, Helena cuidou de tudo. Sem expectativas e com bom atendimento, o restaurante, em Veneza, virou preferido.

Pela primeira vez em anos, começava uma viagem desprovida de pesquisa gastronômica. Reflexo da pandemia. Seria uma prova resistir sem indicações de conhecidos. Seguiria depois para Toscana, Liguria e Lombardia e teria companhia e dicas de locais. Veneza foi escolhida por conta da Bienal de Arte. Fora os trabalhos incríveis, que justificavam a viagem, o perfume das damas-da-noite pelos jardins de uma das sedes da exposição no verão tem efeito de um bálsamo que alivia as dores do nosso tempo.

O Harry's tem história, é do grupo Cipriani – "dispensa comentários", como dizem. Vou comentar mesmo assim. E se for para dispensar alguma coisa, que seja só o *carpaccio*, que dá fama à casa. É de uma simplicidade de envergonhar, carne crua em rodelas e um zigue-zague de creme branco serpenteando por cima, só isso. Conta a lenda ter sido inventado para o escritor Ernest Hemingway, pois bebia muito e quase não comia. É lenda mesmo. A verdade é que o pintor renascentista Vittore Carpaccio estava com a condessa Amalia Nani Mocenigo, cliente da casa, que tinha a recomendação do médico de uma dieta sem ingerir carne cozida por um tempo. O dono do restaurante, Giuseppe Cipriani, aceitou como um desafio, pediu quinze minutos, serviu-lhe um coquetel Bellini e entrou na cozinha. Logo depois, apresentava a ela o *carpaccio alla Cipriani*, com as finas fatias de filé mignon cruas e um molho branco por cima. A inspiração vinha das pinturas em vermelho e branco de Vittore Carpaccio. Não é novidade que para criar é necessário conhecer outras artes, ler, ir a museus e teatros, enfim, estudar. Outro pintor, Gentile Bellini, professor de Carpaccio e fã de pêssegos, inspirou o drink. Um impacto em pleno 1948.

A clientela do Harry's também ajudou a dar prestígio ao local. Hemingway tinha a companhia de Katherine Hepburn, Gary Cooper, Peggy Guggenheim, Orson Welles, Frank Lloyd Wright, Truman Capote, assíduos frequentadores. Fiquei imaginando essa turma comendo e bebendo ali e só isso ajudou a gostar da casa.

Ainda no bar, enchi a boca de azeitonas carnudas entre mordidas no "palancão" – apelido familiar para o *english sandwich*, pão de forma cortado em quadradinhos, fatias de ovo cozido, maionese e aliche – servido para distrair, era uma senha para o que seria comprovado depois. Eles levam a sério o bom atendimento.

A jarra de Murano melhorou o Prosecco, desconfiei, desceu como água, mas não saía dali sem pedir o Bellini. O drink com suco de pêssego e a clássica bebida italiana do Vêneto, equivalente ao nosso espumante, foi inventado na casa. Grande sacada, pois o aroma do vinho é o da fruta. Aprendo sobre o Prosecco: pode variar seu grau de *perlage*, as bolhas, e ser apresentado sem elas, daí chamado de vinho "tranquilo". Começou a ser produzido entre os séculos XVIII e XIX com a uva de mesmo nome, hoje conhecida como glera. Apesar de ser um produto de origem controlada, a grande produção deixou-o popular, mas a bebida perdeu qualidade e teve a reputação abalada. É uma alternativa barata ao champanhe, e o do Harry's é bom.

Envergonhada, preciso admitir que desconhecia a história do lugar. Giuseppe Cipriani Senior abriu o bar em 1931 com o lema "serviço, liberdade e nenhuma imposição". Anote: se tem planos de abrir um, a fórmula funciona. Cipriani era *barman* em um hotel, e um dos seus clientes mais assíduos passava uma temporada na cidade com uma tia. Não é muito sabido o que aconteceu entre eles, apenas que seu cliente, Harry Pickering, de uma família rica de Boston, ficou completamente sem dinheiro, nem para pagar a conta do hotel, nem para voltar para casa. Foi socorrido por Cipriani, que lhe emprestou 10 mil liras. Alguns anos depois, Harry devolveu o dinheiro recompensando-o com mais 30 mil liras. Com a pequena fortuna em mãos, ele decidiu abrir o bar e realizar seu sonho. O sucesso dura até hoje. Uma simplicidade requintada define bem a casa. Em 2001, o restaurante foi declarado uma "marca nacional" – o único lugar a receber a honraria pelo Ministério da Cultura italiano.

Não tenho notícia de como do pequeno restaurante em Veneza foi criada uma rede, com casas, incluindo hotéis, que estão em Las Vegas, Abu Dhabi, Moscou e Nova York, claro, além de outras cidades. Vários produtos, como massas caseiras e bebidas, também são vendidos ali. No Rio de Janeiro, empresta o nome ao restaurante do Copacabana Palace, que não faz parte da rede.

O cardápio é recheado de clássicos que deixam zonzos os famintos e pratos tradicionais da cozinha do Vêneto. Escolhi o prato do dia, risoto com camarão, confesso, o melhor da vida. Igualmente boa a massa caseira, fina e delicada, apenas com manteiga e salsinha. Além do Bellini, do *carpaccio*, claro que você precisa provar e dar sua opinião, não deixe de pedir o merengue, com pão de ló. Se for dividir a sobremesa, o que não recomendo, seja rápido com a colher. O "bolo da casa" é inesquecível. No momento que escrevo, vem o desejo de ser a "Jeannie é um gênio", do seriado do século passado, criado pelo escritor Sidney Sheldon, que preenchia tardes sonolentas da juventude dos anos 1970. Era um torcer de nariz dela e sonhos impossíveis se materializavam. Em segundos, estaria lá de volta.

ANTICA TRATTORIA DELLA PESA
Milão

A Antica Trattoria della Pesa é uma cantina tradicional de Milão – a casa da verdadeira cozinha milanesa. Desde o começo do século passado no mesmo endereço, fui por indicação de moradores. Em uma das noites em que estive ali, o coração estava triste; por pouco não chorei, mas nem isso conseguiu arruinar o jantar. Comece com um *baccalà mantecato*, aquele bacalhau desfiado com polenta, que não é um prato da região, mas é um clássico. Algo mais leve para começar? Que tal um presunto de Parma de origem controlada, 18 meses? Quem sabe nhoque frito, ou ainda, se quiser tradição mesmo, um ossobuco servido com *risotto allo zafferano*. Como primeiro prato, um *tagliatelle* caseiro. Para o segundo, a famosa *cotoletta alla Milanese*, com batatas aromatizadas no alecrim. Se ainda estiver com fome, como *contorni*, uma *terrina di polenta*. Entre os doces, pode ser um *tiramisù* da casa. Enfim, escolha os pratos, peça o vinho e afaste a tristeza. Se por acaso estiver por perto, ali não é lugar para ela.

COSTA SIGIERI
Milão

Deixei *La Gioconda*, de Ponchielli, baseada em uma das peças de Victor Hugo, para trás. A ópera no imponente Teatro alla Scala de Milão ainda não havia terminado, mas os amigos me aguardavam no restaurante – a cozinha do Costa Sigieri tem hora para fechar. Saí carregada de emoção, maquiagem borrada, culpa da história de Gioconda, que abdicou de um grande amor. Estava completamente em dúvida com a minha escolha. Valeu – embora eu recomende assistir ao espetáculo até o final e escolher outro dia para os frutos do mar do restaurante. E foram eles, dentro do aquário, a me receber na porta do Sigieri. Logo encontrei a mesa barulhenta dos amigos. Eles se refestelavam com camarões, lagostas, mariscos, vieiras, lulas, vôngoles, tudo fresquíssimo e muita Franciacorta, o sempre recomendado espumante italiano. Tradição da Sardenha à mesa. "Um oásis de sabor no coração de Milão", dizem. É verdade. Pouco depois das minhas escolhas, apareceu o dono com dois peixes numa travessa, "é para ser assado inteiro, qual preferem?". Achei que valeria o sacrifício, a vida é cheia de escolhas. Pense nas suas.

VOLEMOSE BENE E AL GARGHET
Milão

Devo voltar muitas vezes ainda para a Itália. Acompanhada por amigos, encolhia as pesquisas. Dito isso, justifico as visitas ignoradas a alguns templos: Da Vittorio, em Brusaporto; Piazza Duomo, do chef Enrico Crippa, em Alba; Trippa, em Milão; e Dal Pescatore, em Mantova, ao qual, infelizmente, também não fui – guardo um pôster de lá que ganhei com a recomendação de que é uma visita obrigatória. Minha culpa, máxima culta, devo confessar e procuro indulgência com poucas recomendações. Entre elas está Volemose Bene, uma osteria romana em Milão. Sem frescura, ou filosofia, avisam eles, e com barulho, música alta e boa comida, digo eu. O outro é o Al Garghet. O lugar afastado do centro da cidade impressiona mais pela decoração, meio excêntrica, com vários ambientes, objetos antigos espalhados pela grande casa, bonecos enormes. Não conheço nada igual. É lugar de comidas típicas milanesas: risoto, ossobuco, rim, massa. Famosa a costeleta Garghet, corte clássico milanês, porém, é o cenário que ganha. Depois do jantar, peça um digestivo e tome no jardim. Para ir uma vez.

D!VINERIA
San Gimignano

Foi por acaso que achei a D!Vineria, do Massimo Delli, um cara apaixonado por vinhos. Estava em San Gimignano, a cidade das torres medievais localizada em cima de uma montanha, construída há muitos séculos. Desvie da rota se não contemplar esse canto da Itália. Chegaram a ter setenta delas construídas em disputas entre famílias ricas e rivais que brigavam para mostrar poder e também para ter a melhor vista da Toscana pela janela de casa. Massimo, o proprietário, fecha sua enoteca instalada numa casa-torre do ano de 980 no inverno, pois quase todas as mesas do lugar são ao ar livre. Aproveita para viajar e descansar. Quando o tempo melhora, ele reabre. No *site*, ele diz que "não teme a concorrência"; entendi o porquê.

Sua rotina, todos os dias, é fazer os pedidos de compra pelo telefone ou ir atrás de bons produtos da região pessoalmente. Volta, faz alguns preparos, arruma as mesas, varre o chão, fatia pães, frios, frutas e queijos e começa a atender os clientes até o sol se despedir. Não tem funcionários nem pratos sofisticados.

Tem produtos de qualidade, locais e orgânicos, como os embutidos com carne de porco cinta senese, que é de origem controlada, como o porco moura do Sul do Brasil. Elegância transborda ali e, claro, uma carta de vinhos para muitos gostos.

Sentei em um canto acanhado, meio escondido, imaginando a história que passou naquelas paredes e gastei o tempo assim, entre olhar a Torri Gemelle, na sombra de um grande guarda-sol branco, e a Campanile del Duomo. Taça de vinho na mão, parece que sinto os aromas da bebida, dou umas voltas girando-a, olho sua cor, sinto mais uma vez os aromas; devem ter mudado, e tomo um gole. Mais um pedaço de pão e de queijo e penso na oportunidade única: posso ficar um pouco mais e prolongar o momento. Talvez eu quisesse, como Clarice Lispector, só um refúgio da realidade. Encontrei.

DONDOLI E DELL'OLMO
San Gimignano

Saí da D!Vineria e fui enfrentar a fila da Dondoli – a gelateria da Piazza da Duomo –; achava que não havia concorrente para ela. Tão especial que o mestre sorveteiro, o *master ice-cream maker* Sergio Dondoli, abriu uma loja em Paris. Não deixe a fila te assustar; é enorme, mas a destreza no atendimento – são muitas mãos enchendo os copinhos e cones – faz você nem perceber que esperou. Aos interessados em se aprofundar no tema, procure a escola dele. Fãs de sorvete vão agradecer.

Um passatempo que não desprezo é provar gelatos sem compromisso pelas cidades italianas, uma tentativa de encontrar a perfeição. Assim descobri outra gelateria, a Dell'Olmo, distante poucas casas na mesma praça. Essa aposta na discrição. Não querem fama, o compromisso ali é com a qualidade, comprovei, é um nome para incluir na lista. Aconselho sair provando e não deixar o país sem experimentar os seguintes sabores: pistache de Bronte, Sicília; avelã do Piemonte; e creme de açafrão com pinoli, produção vinda daquelas montanhas. Faz parte da história da cidade. É DOP – um produto de origem controlada. Só não me conformo de não ter experimentado o figo seco de Carmignano. De posse do meu pote de sorvete, fiquei quieta por mais uns longos minutos a cada intervalo entre colheradas e lambidas. Primeiro, deixava o sedoso creme gelado envolver a boca toda e escorregar em pequenas doses para prolongar o prazer que não esqueço. Depois, fechava os olhos e sentia o sabor. Esperava o próximo encontro gelado com a língua, a boca toda. Engolia mais uma vez. Esperava a saliva se esgotar.

Imagino que nunca mais um simples gelato vai me carregar para longe assim. Agradeço sempre a Catarina de Médici, que, no século XVI, apresentou o paladar refinado aos mortais, e aos mestres que guardam essa tradição para nós. Espalham sua paixão e fazem do gelato artesanal uma iguaria. Tudo explicado.

RISTORANTE OSTERIA DA FIORE
Veneza

Perdida pelas ruelas da cidade, atravesso pontes, vou e volto sem encontrar meu destino. Vejo meu vestido tocando o chão e a barra já suja. Está muito escuro, acho até que alguém me segue. Apresso o passo. Espere, é a cena do filme *O mercador de Veneza*, com Al Pacino, baseado na peça de Shakespeare, que embaralhou minha cabeça e até o aplicativo de localização. O sinal é ruim entre tantos becos. Certo é que estou perdida mesmo e tenho fome, procuro o Ristorante Osteria da Fiore. Por fim, quando chego à indicação de um chef, que me disse que eu ia gostar da comida do lugar, vi que já tinha passado em frente pelo menos uma vez. Era tão pequeno e escondido que é preciso prestar atenção para achá-lo. Devia ter sentido o perfume da comida. Tem mesmo. Elegante, romântico e acolhedor, é refúgio para casais apaixonados. Chegue de barco, reserve a mesa na varanda em cima do canal e faça promessas de amor eterno. Mara Martin, a chef, sabe dar seu toque extraordinário à cozinha clássica do local. Maurizio Martin está a seu lado e agora também Damiano, o filho. Em 1979, eles transformaram uma antiga osteria em um restaurante. Entre na atmosfera de Veneza, que não muda e emociona. Permita-se sonhar e deleite-se. Peça o peixe fresco do dia. Se tiver sorte e for a temporada, vai comer o melhor siri mole da vida, o *moeche di burano*. Cruze os dedos. Espero que consiga – o judeu Shylock não teve essa sorte. Veja o filme.

ANTICA MACELLERIA
Panzano in Chianti

Conheci a vida do açougueiro que queria ser veterinário. Conheci a luta que ele travou um dia contra o confinamento e o abate industrial, para valorizar os profissionais e os bichos e defender o modo de fazer artesanal. Fiquei emocionada e logo quis ir à Itália conhecê-lo. A fama dele veio com a campanha que liderou contra a proibição da venda da bisteca à fiorentina com osso pelo governo italiano. O nosso contrafilé com mignon de mais ou menos três centímetros estava com os dias contados. Ele fez o enterro da carne em praça pública e começou a leiloar o que seriam as últimas peças desse corte. Por conta disso, Dario Cecchini saiu da pequena Panzano e ganhou o mundo. Também por conta do que aconteceu depois que Bill Buford, jornalista e editor da *New Yorker*, foi trabalhar com Cecchini, lançando-o como celebridade no livro *Calor*.

Personalidade única, o açougueiro é a oitava geração dos profissionais da mesma família em Chianti – por 250 anos, estão ali no mesmo lugar, desde sempre. É um artesão, alguém que sabe lidar com a carne. Ele vende uma cultura alimentar. Em viagem pela Toscana, dei um jeito de ir até lá. Infelizmente, Dario não estava. Fiz uma entrevista por e-mail. A cantina, quando ele está, é outra. Costuma receber os clientes entre uma ária de ópera ou um trecho da *Divina comédia*, de Dante Alighieri. Para colocar no roteiro, você precisa ser carnívoro – é bom lembrar que ele quer animais bem-tratados e com aproveitamento integral, sem desperdícios. Alivia um pouco a culpa. A carne servida é boa, nada muito diferente do que temos no Sul do Brasil ou na Argentina.

Por que ir? Para conhecer o lugar pitoresco e a lenda que Cecchini é. Ele tem conhecimento, e sua vida é devotada à carne. O episódio do *Chef's Table* sobre ele é memorável. Em um dos três restaurantes em que estive, entra-se pelo açougue e chega-se a uma sala pequena com mesas comunitárias no primeiro andar, subindo uma estreita escada; tudo informal e muito bom. Destaque para o *sushi del Chianti*, uma versão da carne de onça de Curitiba, e para o francês *steak tartar*, ou para a *hackepeter* alemã, cujo tempero é vendido na loja dele. Pode comprar e colocar na mala, é especial. Também pode-se comer um sanduíche, apelidado de MacDario, no simpático *food truck* ali perto. Enfim, a visita, no mínimo, será divertida. E lembre-se: você está na Toscana, só a paisagem já vale.

OSTERIA DELLA CORTE
Cinque Terre - La Spezia

Se estiver indo para a famosa Cinque Terre, os cinco vilarejos – que, na verdade, são seis nas encostas da Ligúria –, pare em La Spezia. É o ponto de partida para as *terres* tombadas pela Unesco. A primeira *terre* fica a cinco minutos de trem de Riomaggiore. Lembra que falei que fui aconselhada a não indicar restaurantes? Pois foi uma parente enviesada, a Regina, que me disse. Ela amava o lugar de casinhas coloridas espalhadas pelas encostas, por isso eu precisava conhecer. Escolhi me hospedar no balneário; pura sorte, só assim descobri a Osteria della Corte, um endereço que saquei da caderneta assim que cheguei. Tá aí um restaurante para se elogiar. Desde 2003, está perto do Campanário da Igreja Salesiana, na Viale Garibaldi, e recebe todas as bênçãos de quem passa ali.

Numa noite abafada do verão italiano, entrei na osteria, passei pelas poucas mesas do bar, acenei para a simpática chef Silvia Cardelli na cozinha e fui para o pátio interno cercado por paredes de pedra e verde escolher um lugar embaixo dos ombrelones para jantar. Aceitei o convite para as horas de prazer, proposta da chef. Ao lado da osteria, abriram o Next, para valorizar a adega, que ostenta uma carta com preciosidades, incluindo vinhos naturais da Itália e da França, a minha última paixão, além de licores e aguardentes. As massas são frescas e caseiras, eles também respeitam a sazonalidade dos produtos, e servem os frutos do mar saídos faz pouco tempo. Os pratos são simples, o cardápio põe dúvida entre poucas e tentadoras opções. Na saída, fiz questão de falar com a chef e agradecer pela refeição. Aproveitei a pausa para uma foto com ela – venci a timidez, queria dizer que estava tudo ótimo e ter um registro dos bons momentos passados ali.

PORTUGAL

Cresci comendo bacalhau com batata, azeite, pães, açordas – pão com caldo de carne e ovo –, sopa de legumes, canja e muitos doces, queijadinhas, ovos moles e rabanadas, ou fatias-paridas – sei que ainda achamos graça dos nomes que os portugueses dão para coisas; não deveríamos, são sempre a tradução exata do objeto. Depois das refeições, os mais velhos da família sempre davam um jeito de ter uns goles de vinho do Porto ou da Madeira. É a memória afetiva do lado paterno, com forte presença em casa, foram os Teixeira Coelho que vieram de Trás-os-Montes os responsáveis. Arrisco dizer que a influência corre todo o Brasil – natural, pois foram nossos colonizadores. Deixaram suas marcas em outros países também.

Aprendi a comer bem com as tias, misturando português e polonês, e com a mãe, responsável pela influência italiana. Mas os portugueses se destacavam. Imagino que, com as viagens ao redor do mundo, espalharam açúcar e especiarias dando o legado do tempero que incorporamos como nossos. Somaram-se à lista os enchidos – mais conhecidos aqui como embutidos e linguiças –, além dos cozidos, a influência da chamada dieta mediterrânea, arrozes de todos os jeitos e queijos. São famosos seus "doces conventuais", preparados por abades e freiras em conventos. Come-se bem em Portugal, sabemos disso. Também apreciamos seus vinhos produzidos com uma variedade impressionante de uvas, desde quando as importações foram abertas até hoje. Outro importante capítulo da influência da terrinha, como carinhosamente chamamos o país.

RAMIRO
Lisboa

É aquela orgia, frutos do mar em abundância, além de bom serviço e boa bebida. Sempre com fila na porta. Lota cedo. Como funciona o dia todo, você terá mais sorte em conseguir uma mesa se escolher um horário alternativo. Evite finais de semana. É uma cervejaria clássica, ou marisqueira, como chamam os portugueses, aberta em abril de 1956, em Lisboa, como uma pequena "casa de pasto". Com o tempo, começou a servir mariscos e pronto, transformou-se. Tem lá seu charme, apesar da luz branca, do barulho e do cheiro de mar, mas, acredite, é quanto vale. Os viveiros ficam no piso inferior. Mariscos, ostras, percebes (aquele feioso), amêijoas (vôngole), *centollas* (caranguejo gigante), camarões, lagostas, tudo ao natural, quase sempre apenas com azeite, sal, limão e alho, ou vinho e coentro. Imaginar todos vivos aos seus pés talvez não seja uma boa ideia. Eles prometem que a refeição será inesquecível. Cumprem a promessa.

SENHOR UVA
Lisboa

Olhei para o Volvo preto que parou em frente ao hotel e comecei a apalpar a lataria sem saber como abrir a porta, nem sinal da maçaneta. O rapaz lá dentro me fez sinal com a mão para esperar. Fiquei parada e logo a porta automática subia igual a um filme de ficção científica. Foi uma pista – o embarque seria para o futuro, e o futuro é orgânico e vegetal, pelo menos no Senhor Uva. O modelo do carro já tem quatro anos, perguntei, mesmo ano da abertura do restaurante, 2019. Descubro que estou desatualizada quanto aos modelos de carros. Tenho outra dificuldade, além de abrir as torneiras de chuveiros diferentes que encontro no caminho, mas a certeza de que esse era o caminho da gastronomia eu tinha.

Desci da carruagem moderna e entrei numa sala pequena que parecia se equilibrar na esquina de uma ladeira muito inclinada, como tantas em Lisboa. Logo apareceu um rapaz para me resgatar. O bar de vinhos e comida vegetariana era separado por uma rua. Na verdade, tinha até outro nome, Senhor Manuel; só compartilhavam a mesma cozinha. "É o irmão menor", revela o *site*.

Entre os clientes, escutava inglês, mas fui atendida por três brasileiras, uma curitibana entre elas. "Já servi você em Curitiba", me disse. Olhei assustada. Nesse mundo redondo, vamos escorregando. Encontro mais jovens na cozinha. Os proprietários são canadenses: a chef Stéphanie Audet, autora do livro *Cuisine Botanique*, é casada com Marc Davidson, que cuida da seleção dos rótulos orgânicos. Estavam de férias pela França, soube. Pensei que ele fosse paulista, mas com esse nome devo estar enganada.

Enfim, cheguei ao Senhor Uva, considerado o melhor bar de vinhos de Lisboa. Foi o que me atraiu para ir lá, além de descobrir como se comportaria o cardápio. Pedi alguns pratos para conhecer e, no final, segui com a indicação de uma sobremesa, entre três opções. Raquel, uma das cozinheiras, me disse, com uma mão apoiada em seu coração, que eu precisava provar. Entendi. "É nova, e sim, fazemos tudo aqui", me contou quando perguntei sobre o alfajor. Pedacinhos de maçã, encostados no disco de massa delicada, levemente crocante, mais sementes de abóbora e oxalis, uma azedinha roxa, servidos ao lado de uma pequena poça de caramelo, que comi lambuzando tudo. Valeu cada colherada.

Estava no balcão, sozinha, vivendo um pouco do sonho do casal de canadenses, praticamente dentro da minúscula cozinha, que tem apenas um fogão de indução de duas bocas, uma grelha pequena e um forno. Pude acompanhar de perto e, de vez em quando, conversava um pouco com um dos três responsáveis pelo preparo de tudo. Foi por isso que ao ver a couve-coração sendo grelhada com molho curgete (abobrinha) e parmesão, mais abobrinha crua em lascas, tremoços (uma leguminosa amarela), aipo, mostarda e manjericão, bem picante, fiz mais um pedido. Acertei.

Comecei a refeição com um ceviche de jaca verde, *aji amarillo*, nectarina e abacate, que quase enganava, principalmente pela textura, apesar de achar que iludir o paladar não fosse a intenção. Depois, como não é muito comum por aqui, pedi o *topinambur*, uma batata com cara de gengibre, acompanhada de pequenos rabanetes, cacau e amêndoas. Não sei se gostei mais do tubérculo, que também é conhecido por alcachofra-de-jerusalém, ou do rabanete mais claro e com sabor único por ter ficado 24 horas numa marinada ácida. O leite de amêndoas, com a presença leve de alho, combinou com tudo. Concorreu com o coração de couve grelhada. Difícil escolher o melhor.

Ainda aguei o feijão com *chimichurri*, o molho tradicional de ervas da Argentina e do Uruguai, os cogumelos e a tábua de queijos, entre outras coisas. Fica para uma próxima vez. Os pratos são bem servidos, custam em média dez euros. Além disso, o ambiente aconchegante, o atendimento caloroso, a atmosfera jovem, a música boa e os vinhos incríveis revelam a paixão de todos ali. Reserve. E se a mala estiver vazia, aproveite para passar na Caverna das Uvas, outro endereço deles, e trazer uns vinhos. Jogue-se nesse universo de produtos naturais e orgânicos que pede a nossa atenção e vale cada gole e mordida.

COMIDA INDEPENDENTE
Lisboa

Great products from small producers. Ótimos produtos de pequenos produtores. É o que avisa a placa do Comida Independente, que comemorou cinco anos recentemente e é tão bacana, tão bacana, que me deu vontade de ter um igual na minha cidade. Não é lugar da moda, é lugar do coração. Sou romântica. Pequeno, aconchegante, tudo muito simples e com produtos únicos, de produtores locais e orgânicos, bons rótulos e sanduíches caprichados. Promovem degustações e provas de vinhos. Na minha mercearia, eu copiaria Rita Santos, a dona, viajaria pelo país atrás de produtores e iguarias artesanais e serviria com sorriso no rosto, igual ao que recebi da Camila. Já me imaginei atrás do balcão, bem feliz. E nem conheci a Rita, uma lástima. Fiquei só na inveja, comi um sanduíche de pastrami no pão brioche, tomei duas taças de vinho laranja e continuei pensando na minha ideia de copiá-la. Quem sabe um dia dá certo.

GAMBRINUS
Lisboa

Gambrinus é da lista dos restaurantes clássicos, e Lisboa tem muitos. Confesso que até hoje só fiquei no bar, ou barra, como chamam, mais informal, tem até uma entrada separada. Foi o advogado e enófilo Guilherme Rodrigues que me disse um dia: "vá e peça um 'prego no pão'". Pedi e já repeti. E o nome do sanduíche, um simples pão com bife, bem-feito, é porque quando o mignon ainda não era usado, costumavam bater a carne dura para amaciar. Lembrava batidas de prego. Definição bem ao estilo lusitano, peculiar. Já no aeroporto, li "voos de ligação"; óbvio, não? E o "guarda-redes", que é o goleiro. O "autocolante" é adesivo, claro. Outra que gosto é "miúdo" para criança. Tantas diferenças que por um tempo andei atrás do dicionário *Schifaizfavoire*, do Mário Prata. Infelizmente, esgotado. Garantia de risos fáceis por conta da confusão das palavras com significado diferente nos dois países.

Esqueci de perguntar o nome de quem confirmou a história do prego e me serviu o café no balão – não deixe de pedir. Mas sei quem preparou o crepe suzette; foi o Gonçalo. Ele puxou do balcão uma frigideira bem velha, meio amassada, com o teflon indo embora – tentei desviar os olhos, não é bom para a saúde e, se descobrirem que não reclamei, levarei bronca, porque não deixo nenhuma assim nesse estado ficar no fogão de casa. Volto ao preparo. Ele começou o espetáculo e tirou fogo até do bolso. Acho que me assustei não com o fogaréu, e sim quando vi ele despejando quase um pote de açúcar para a calda. Enfim, a cena guardo na memória. Mesmo método, mesma *mise-en-scène*, mesma receita, desde a década de 1960. Assim mantém a tradição do serviço de sala, que vai se perdendo entre novos modismos do setor. A estrela do crepe é o Grand Marnier, depois entra o Cointreau, e mais o licor Beirão, que não está na receita original, e ainda um conhaque. Mesmo que o álcool evapore, a sobremesa é forte e doce. Mas quem resiste?

O que é famoso lá também é o empadão de perdiz, servido às segundas-feiras, e cada dia da semana duas especialidades: cabrito; sopa de frutos do mar; cozido à portuguesa com perdiz; leitão assado; pato com arroz; bacalhau; e por aí vai. Situado na Baixa Lisboeta, depois da reforma em 1964, ganhou *status* de restaurante de luxo – as pesadas cadeiras de couro com o logotipo da casa gravado, o desenho exclusivo dos candeeiros, os vitrais com a imagem do Rei Gambrinus, as obras de arte e as peças de porcelana da Companhia das Índias garantem o título. Às vezes, dá para relaxar as convicções: clássicos assim são clássicos em qualquer idioma.

PICA PAU
Lisboa

Saí do restaurante para andar pelo bairro de Príncipe Real, em Lisboa. Voltei para usar o banheiro forçada pela ideia de esticar o passeio no Jardim Botânico da cidade, localizado na mesma quadra. Coloquei os pés no longo corredor da entrada e fui engolida por uma nuvem de fumaça. A cozinha é a recepção do Pica Pau; tem até uma janelinha que dá para a rua e permite aperitivar enquanto se aguarda uma mesa. Os cozinheiros se desculparam envergonhados; não foi para tanto, alguma coisa tinha saído do controle e as labaredas fugiram. Tudo calmo em minutos. Tudo calmo ali porque a casa é da cozinha tradicional portuguesa, fazem questão de ressaltar. Pratos clássicos, todo dia um especial. Seguem os livros da gastrônoma e personalidade da gastronomia portuguesa Maria de Lourdes Modesto, "sem invenções, criações ou desconstruções".

São muitas casas assim em Lisboa, brotam nas esquinas, como as tascas e marisqueiras. Escolhi essa. A sala exclusiva no porão, ao lado da adega, é aquele lugar para pequenas comemorações. Afinal, quem não gosta de um pouco de privacidade e atenção, não é? E rir com amigos em volta de uma mesa, com boa comida, é o programa que queremos sempre.

SEM
Lisboa

Comecei a conversar com o motorista a caminho do restaurante. Meu destino estava longe, o papo rendeu. Me dizia que éramos nações irmãs e que a sorte do Brasil foi ter sido colonizado pelos portugueses, e não pelos espanhóis, que abocanharam e esfolaram outros países da América do Sul. Sei. Depois, cometeu outros erros de história. Relevei. Em geral, além de educados, os portugueses esbanjam conhecimento. Chegando ao destino, me disse que não poderia avançar, teria de seguir a pé, pois era proibido para "autos". Não discuti, mas imaginei mais um perrengue de procurar o restaurante à noite na rua escura. Desci do carro e tentei conferir a numeração. Esperei o bonde passar, olhei para o outro lado da rua e vi a placa discreta em *neon* vermelho: Sem. Mais fácil do que eu previa.

Abri a porta e logo fui recebida por uma garota de cabelos escuros, simpática e falante. Enquanto ela me levava até a mesa, fui reparando no ambiente simples, com luz baixa e paredes desbotadas. Ser sustentável, a proposta dos proprietários, vai além da comida e do combate ao desperdício alimentar, "sem lixo, sem plástico e apoio aos produtores de agricultura regenerativa" está também na escolha do mobiliário. A ideia era reduzir o excesso de materiais no ambiente. Chamaram um artista e marceneiro brasileiro que emprega técnicas tradicionais de encaixe. Sem usar nenhum prego, com madeira certificada e painéis de plástico criados pela Recycle Lab, o restaurante ficou como eles queriam. Miguel Saboya busca inspiração em formas geométricas e objetos do dia a dia para seu trabalho. Iluminação de papel utilizada pela indústria de *fast food* e telas de borracha reciclada produzidas com solas de sapatos de outra empresa, a Goma, para o chão, completam a decoração. Tinha um pequeno bar ao lado do restaurante, pequeno também, parte da cozinha pertencendo ao salão.

Dessa vez, teria companhia para o jantar. Minha amiga, outra jornalista, já me esperava. Instaladas confortavelmente no banco de madeira com almofadas – escolho essa opção à mesa quando posso –, pedimos o menu de seis passos, o único disponível, mais sobremesa e pães, o meu harmonizado com vinhos. Se a ideia é contar "a história dos produtos que se encontram no seu melhor neste momento", eles conseguem encantar. O único momento desagradável foi a chegada de uma francesa alta e magra, como quase todas as francesas, acompanhada de forte perfume. Primeiro, achamos que era naftalina – um repelente para traças e baratas usado em gavetas e armários há milênios; o cabideiro para os casacos estava bem atrás de nós. A descoberta da toxicidade da substância deve ter sido a responsável por seu sumiço do mercado. Às vezes, o odor voltava. A loira estava sentada ao lado. Quando se mexia muito, vinha a lufada desagradável. Em um dos pratos, chegou a atrapalhar. Talvez o cheiro fosse do seu perfume ou a naftalina estava impregnada nela. De resto, ficou a vontade de ter uma segunda refeição no Sem.

Vinhos com o mínimo de intervenção e sem química agradaram demasiadamente. "Servimos o que gostamos", avisam. Agradeci. Os pães de fermentação natural vieram na metade do jantar e precisei me controlar para não devorar a cesta inteira. Não se trata de um restaurante vegetariano, apesar de a maioria dos pratos enfatizar os vegetais. Dois pedaços de carne finos e compridos de "vaca velha", aquela com uma grossa fatia de gordura amarela, não poderia ser o prato mais perfeito para terminar a refeição. Selada e servida no ponto menos, tinha gordura entremeada e muito sabor. Acompanhou a *pastinaca*, uma raiz que lembra cenoura e alga. Thiago, um mineiro simpático, veio até a mesa explicar o prato; nem precisava, era perfeito. Depois, apenas uma sobremesa, um bolo de caramelo e magnólia, a flor, e aquela alegria que acompanha o final de um jantar especial.

O *garum* de clara de ovo – um molho fermentado, usado na Antiguidade, feito com vísceras de frutos do mar –, o *tamarillo* (um tipo de tomate) e a ricota me deixaram sem ar. Veio no começo. Era diferente, crocante e saboroso, mostrava técnica e refinamento. Se você vir a foto, já vai entender. Depois entrou a batata *yacon*, a chamada batata de diabéticos, com *physalis*, aquela frutinha alaranjada apresentada envelopada, e camarinhas, camarão de rio minúsculo. Acabei sem adjetivos. Na sequência, a couve crocante, com coelho e alga, numa equação improvável e perfeita. Em seguida, as conhecidas sementes de abóbora e girassol com carne de vaca defumada. Para completar, tivemos o *matsutake*, um cogumelo de pernas compridas e sabor apimentado, comum na Europa e Ásia, com alho negro e molho *wastershire*, um fermentado, que potencializou o sabor.

Sem querer, inverti toda a descrição do menu. Não sabia por onde começar a contar, tamanho entusiasmo. Deve ter sido porque fiquei realmente impressionada com tanta delicadeza e sabor. Conheci a cozinha de mais um casal de proprietários em férias, e o restaurante impecável. E isso é bom, sinal de equipe entrosada. Laura Espírito Santo é brasileira e George McLeod é neozelandês. Laura é ativista, mãe de um bebê, que já frequenta restaurantes. Os dois são cozinheiros, se conheceram em Londres e trabalharam no Silo, referência quando se trata de sustentabilidade – palavra que a Laura evita usar, tão desgastada e pouco compreendida. Ali não tem um menu fixo. Eles dizem trabalhar com o excedente, o vegetal que já murchou um pouco, ou o corte de carne que é pouco utilizado, "o sabor não está no filé mignon". Precisamos de gente assim para regenerar o mundo. Verdadeiros artistas comprometidos com a arte da restauração em tempos de mudanças climáticas e meio ambiente ameaçado. São exemplos. Fiquei fã.

BELCANTO, ENCANTO, CANTINHO DO AVILLEZ
Lisboa

Dessa vez, na última visita à cidade, escolhi o endereço ao lado para conhecer a proposta modernista do chef: tentar ser vanguarda com os vegetais, ideia do Encanto. Nele, apresenta e repete a fórmula do chamado *fine dining* com exaustiva degustação, doze etapas mais os conhecidos *snacks*. A casa é bonita e o menu surpreende em alguns momentos. O serviço e a harmonização são perfeitos. Pudera, o histórico do chef José Avillez não mente: construiu um império em Lisboa e chegou até Dubai. Tudo depois que assumiu o Belcanto, historicamente situado na casa de Fernando Pessoa. Foi o primeiro chef português a receber uma estrela do guia Michelin, e o restaurante dele o único a ostentar duas distinções. Mais um chef criado nas asas de Ferran Adrià, a orientação de Maria de Lourdes Modesto e o elBulli costuraram sua carreira.

Mas é um outro endereço, o Cantinho do Avillez, em Lisboa, o ganhador do meu coração. O Cantinho esbanja simplicidade e uma cozinha contemporânea descomplicada. Moquecas, lascas de bacalhau, tartar de atum, peixinhos da horta, um tempurá de vagem, que vamos loucamente atrás do mais sequinho e crocante, bolo de chocolate, sorvetes e por aí vai, agrada mais facilmente e se gasta menos. Local de refeição descomplicada. É o que tem me movido.

PIGMEU
Lisboa

Sozinha no quarto do hotel, pensava ainda no almoço, tentando descobrir por que Pigmeu, o restaurante do chef Miguel Peres, tinha esse nome. Para mim, era um povo africano, mas, é claro, pesquisei, é também uma raça de porco, especialidade do local. Esperava a hora de ir para o próximo jantar quando escutei correria e gritos de "pega ela" vindos da rua. Resolvi espiar mesmo que fosse um gesto sem cautela e contra a minha natureza medrosa. Tinha certeza da calmaria de Lisboa.

Abri a porta da sacada, vi que era uma cadela que havia se soltado da guia e pensava em atacar um homem. Nada grave. Continuava tudo calmo, o que me dá vontade de voltar a Lisboa mais vezes. Na verdade, a vontade é de novamente comer no Pigmeu, no Campo de Ourique, um bairro antigo que passou por um processo de renovação e atraiu artistas e empreendedores modernos com seus aluguéis mais em conta. E que descoberta esse Pigmeu, graças ao amigo João Ferraz. É um restaurante de apenas trinta lugares e de hábitos portugueses – serve miudezas, porco e vegetais. Uma bela equação. Peres diz que hoje é menos chef e mais administrador. Prova disso é que está planejando a retomada da mercearia criada durante a pandemia e quer levá-la para um mercado da cidade. A intenção é dar força aos produtos da Sociedade Agrícola do Freixo do Meio, conhecida pela qualidade e diversidade de seus produtos biológicos, que eu tive a sorte de conhecer em 2018. Projeto de cooperação, inclusão, desenvolvimento pessoal, trabalho e construção de comunidade que faz a gente acreditar que a humanidade pode ser melhor do que tem sido.

No Pigmeu, comi o pastel de coração de porco, que veio com a massa bem sequinha e o recheio úmido. Seguem a filosofia *nose-to-tail*, do focinho ao rabo, com o aproveitamento total do bicho. Peres diz que um porco chega a alimentar 350 pessoas. A casa tem bons sandes, abreviação de sanduíche, e petiscos, aliás, começou com essa intenção. Como prato principal, escolhi "pianinho" – adivinha qual parte do porco é? A costela. Explicam bem os portugueses, cozinham melhor ainda. Os vinhos orgânicos completam a experiência. E o que falar do Abade de Priscos? Uma das poucas receitas que o abade nos concedeu. O pudim, típico de Braga, feito com muitas gemas, muito açúcar, vinho do Porto e gordura de porco, é único. Sonho que estou comendo, olhos fechados, pelo menos uma vez por mês. A sobremesa não recebeu o título da gastronomia de uma das sete maravilhas de Portugal, para mim, injustamente. Pena não encontrar o chef, e como estava tudo perfeito, me satisfaço, confiro o belo trabalho de equipe. O sucesso do Pigmeu obtido no famoso boca a boca garante a casa cheia. A comida tem propósito, dizem. Entendi. Comemorei o sabor e a simplicidade de um restaurante original em garfadas com gosto revolucionário.

HOTEL BAIRRO ALTO
Lisboa e Sintra

Parece que você não esteve em Lisboa se não foi até o Hotel Bairro Alto ver o dia se despedir atrás do Tejo. O local é famoso pelo seu disputado *rooftop* no sexto andar. A chance de um lugar na concorrida varanda com vista aumentou, só é preciso trocar de elevador. Além do bar, com direito à mesma vista que os felizardos do sexto andar têm, o quinto andar do outro prédio ganhou um restaurante e bar. Bruno Rocha é o chef responsável pela cozinha do BAHR & Terrace. E a melhor descoberta na última visita foi o café no térreo, A Pastelaria, com uma entrada pela rua lateral ou pelo *hall* principal do hotel.

O local disputa com a Manteigaria, do outro lado da praça Luís de Camões, o posto de oferecer o melhor pastel de nata da cidade. Sugiro comprar o doce e subir até o primeiro andar, no Mezzanine, para degustá-lo tranquilamente em poltronas confortáveis e curtir um pouco da vista da movimentada praça. O doce chega quentinho pra você. A partir das 18h, abrem as salas do local para refeições ligeiras e do nada fazem surgir um bar que parece de revista e drinks são servidos. Eu continuei com meu chá. Não entendi por que meu pastel veio acompanhado de uma colherzinha; era a primeira vez que vi servido assim. Depois de morder a borda crocante e o creme começar a escorrer lentamente no canto da boca, descobri, limpei com o guardanapo e com a pequena colher não deixei escapar mais nada. Agradeci a gentileza.

É claro que o mais famoso e conhecido é o do Mosteiro dos Jerônimos, porque foi lá que o doce surgiu, e só na Casa de Pastel de Belém pode ser chamado de pastel de belém. Nas outras casas, é pastel de nata. A fila na porta costuma ser grande; as pessoas compram para comer na rua mesmo, mas o bacana é entrar e pegar uma mesa para comer lá dentro tomando um café. Sempre tem lugar.

Recomendo também em Sintra o "travesseiro" da Casa Periquita: o folhado com creme de amêndoas e um "ingrediente secreto", e a queijadinha de sintra na Sapa, a mais antiga fábrica de queijadas da dona Maria Sapa, desde 1756. Tanto o pastel, que tem a forma da nossa empadinha, quanto o travesseiro e a queijada precisam ser provados. Vou contar: eu evito açúcar. Quando utilizo, é o de coco, ou de agave, ou demerara, ou mascavo, mas estando em Portugal não penso e me entrego sem resistência. Um pouco de transgressão às vezes cai bem.

ESSENCIAL
Lisboa

Se não podemos confiar nas palavras, como bem escreveu o escritor Júlio Cortázar, o que dizer do gosto? Mas se tanto as palavras quanto o gosto estão na boca, é preciso abri-la para comer, depois descrever e discutir, apesar de sabermos que gosto não se discute. Pois solto palavras para falar de um restaurante: fui provar o menu degustação do Essencial.

Vou dizer pouco. Está em uma casa antiga. É pequena. A sala e a cozinha estão juntas. O ambiente é informal e te acolhe. Imaginei o chef André Cordeiro – eu não o conhecia – como um amigo de anos que veio me contar que cozinhava para mim só porque cruzou com trufas frescas e queria que eu provasse com um creme de alcachofra. Apresentou com um brioche ao lado. Nada mais delicado, o creme, ele, o prato todo. Depois disse ter encontrado ouriço do mar fresco; ousou servir na concha com limão-caviar e camarões adoçicados. Eu fiquei interessada nas finas folhas folhadas, sua especialidade, influência da formação francesa. Tinha ouvido falar. Veio nas terrinas, no *pithivier* e no mil-folhas com caramelo salgado. Ele serviu. Estavam perfeitas. Embarquei com Elina, a *sommelière*, para terras desconhecidas, viajei por colinas, planícies, entre videiras na tentativa de conhecer produtores pelo sabor dos seus vinhos únicos. Com a simpatia da Vanessa, cuidando de tudo, fiquei ainda mais tranquila. Surpresas assim me inspiram. Penso em quem inspira esse cozinheiro. Tão bom que eu prefiro incitar o desejo de provar ao invés das costumeiras linhas com detalhes. Tento ser discreta como eles.

ARKHE
Lisboa

"Chegamos", disse a motorista do carro de aplicativo. Não vi o restaurante; em todo caso, desci. Devia ser do outro lado da rua, pensei. Costumo acreditar nas pessoas. Que nada, estava perdida. Recorri ao Google Maps, que às vezes não entendo. Depois de subir a rua e ver mais para frente que a numeração não batia, virar várias vezes a flechinha do aplicativo, desci duas quadras e entrei numa travessa meio escura. Agora, sim, estava na Boqueirão Duro. Mesmo um tanto atrapalhada, cheguei alguns minutos antes da abertura do Arkhe. Logo formou-se uma pequena fila em frente; o local ganhou fama recentemente. Mais uns minutos e a porta de vidro se abriu.

Passei pela conferência do meu nome na lista de reserva e fui acompanhada até a minha mesa. Sem o balcão salvador dos solitários, fui acolhida por um canto discreto, com vista para uma das salas do pequeno restaurante, para o bar e para a janela da cozinha. Até era possível ver um pouco do movimento lá dentro e escutar alguns "sim, chef". Tiro óculos, caneta, caderneta e celular da bolsa, coloco o guardanapo no colo. Estou pronta.

Naquela noite, entrei decidida a não tomar champanhe para sobreviver à maratona de refeições da semana. Daí, veio em minha direção uma garota vestida inteira de preto, com sorriso aberto e uma garrafa de *blanc de blancs* nos braços – um exemplar produzido apenas com uvas brancas, dona de notoriedade há pouco tempo. O mais comum é encontrar a bebida feita com um *blend* de uvas brancas e tintas; essa é a diferença. Se for da região de Champanhe, é com a uva Chardonnay. E na França, geralmente, vem de vinícolas chamadas *grand cru*, isto é, dos melhores vinhedos. Bem, hoje, não é usado apenas na França; os espumantes também podem ser produzidos apenas com uvas brancas e receber o título. Adivinhe: não fui capaz de resistir.

E se estamos a "dois passos do paraíso", como cantava o Evandro Mesquita, vou começar pelos queijos. Antes de o jantar terminar, a mesma moça simpática e de preto, uma francesa, descubro pelo sotaque, veio novamente em minha direção com um carrinho de serviço de queijos, uma das minhas paixões na vida. Por mim, não diria mais nada. Pães, vinhos e queijos.

Continuo. Eles têm o ritual de se abraçarem antes de começar o serviço. É simpático, como se fossem enfrentar uma batalha, ou pelo menos um jogo importante. Alguma coisa como "vamos vencer esta noite". E vencem com duas opções de menu para o jantar: Descoberta e Carta Branca, definidos de acordo com as estações do ano. Além desses, no almoço tem uma opção mais barata, com três etapas. Fiquei com o Carta Branca, para entender melhor a proposta do chef João Alves.

De açougueiro em restaurante francês para vegetariano em Lisboa, Alves cresceu no Brasil e deu um salto na carreira quando abriu o Arkhe em 2019. Logo depois, veio a pandemia e mudou tudo. Com formação clássica na culinária francesa, ele se associou ao franco-colombiano Alejandro Chávarro, detentor de experiência em casas famosas na França e na Espanha. A música colombiana, talvez um pouco alta demais, mostra a força de Chávarro. Também senti o serviço um tanto apressado, menus chamados degustação exigem um esforço demasiado. Inegavelmente, os dois profissionais se entregam ao prazer de cozinhar e servir. Vinhos naturais completam a experiência baseada em plantas. *Arkhe* vem do grego, *o princípio presente em tudo*, para os pré-socráticos. "O ponto de partida, local de nascimento", tentam desmistificar no *site*. É um lugar fora da curva, como se diz.

Pão quentinho e de fermentação lenta, *focaccia* com várias manteigas, a de alho negro defumado e a de especiarias abriram dignamente o jantar, logo seguido por *snacks*, com a espuma de cogumelo despertando o apetite. Sempre vinha uma baforada do cheiro de brasa da cozinha, recurso que se repetiu em alguns pratos, assim como a presença de cogumelos.

Nas entradas, destaque para a couve-flor tostada, com maçã verde, vinagrete de avelã com dill; tinha acidez, textura e sabor delicado. Veio ainda um *carbonara* de raiz de aipo e beterraba, rábano picante, folha de capuchinha, *dashi* – o caldo da culinária japonesa que traz o quinto sabor, o *umami* – e tapioca deliciosamente crocante lembrando pipoca. Teve até batata perfeita, como prometiam no menu, com *topinambur* sublime no auge do frescor; era temporada dessa raiz. A lentilha beluga me conquistou, perfeita ao lado da *pastinaca*, um tipo de cenoura, abafada pelo caldo de cacau. Me fez voltar à minha leitura, que intercalava entre os pratos. O menu concorria com as explicações de Caetano Galindo no livro *Sim, eu digo sim: uma visita guiada ao* Ulysses *de James Joyce*. "Ele não se entrega sem esforço", leio. O menu da noite foi assim também, exigiu uma entrega. Por que ler *Ulysses*? "O que vem com mais esforço, o que custa mais empenho pessoal sempre é mais duradouro como lembrança", assegura Galindo. Me vi, depois de anos na saga de refeições interrompida por um tempo, de volta a uma mesa sozinha, com um menu complexo. Fiquei alegre quando a sobremesa chegou. Me rendo aos doces, já disse. O chocolate do Equador deu o ponto final a um jantar, embora um pouco difícil, inspirador.

O NOBRE
Lisboa

Procurei o celular na bolsa e não achei. Revirei os bolsos do casaco, também lá não estava. Voltei ao sofá onde aguardei a mesa ficar pronta, apalpei as almofadas, nada; segurei a onda de pânico que queria me dominar. Respirei fundo e não fiz alarde. Consigo ser tranquila, deixei o problema para depois. Comentei baixinho com quem estava ao meu lado, com a certeza de que o aparelho apareceria. O assunto foi desviado com a chegada da comida. Estava mais interessada em conhecer o trabalho de Justa Nobre e experimentar seu famoso cozido à portuguesa, servido de outubro a maio, meses mais frios, e todos os aperitivos, favinhas com *morcilla*, carapauzinhos de escabeche, iscas de novilho, camarões fritos ao alhinho, pica-pau do lombo, um picadinho de carne de porco refogado no alho com salsinha, enfim, comida perfeita para petiscar.

Em seu livro, ela conta que, desde a infância, ajudar na cozinha era igual a brincar. Entrou profissionalmente aos 21 anos, quando aceitou um convite inesperado: trabalhar em um restaurante. Foi com medo e vontade que se entregou à oportunidade e viu sua vida se transformar. "Do nada, virei cozinheira", diz sempre. Acreditou que um dia teria o próprio restaurante; abriu no começo dos anos de 1990, em um bairro popular, e apareceria na televisão. Sonho realizado. Seu trabalho é definido como "cozinha de autor, com alma transmontana" – no caso, uma autora de mãos dadas com os clássicos, é bom frisar. Logo foi acumulando uma legião de fãs, que suspiram pela devolução de sabores guardados na memória – culpa da mãe e da boa comida experimentada na infância da garota. O senhor Nobre, seu marido, é mestre em hotelaria e no bem-receber, casamento perfeito e duradouro. Mais familiares juntaram-se ao casal e deu tudo certo.

Resolvi comentar o desaparecimento do celular e alguém se prontificou a usar o localizador. Como não pensei nisso antes? O radar foi chegando perto de mim, cada vez mais perto até parar ao meu lado. Um pouco sem jeito, minha amiga resolveu abrir a bolsa dela e viu dois aparelhos; havia recolhido o meu sem querer. Sabia que o final seria feliz, ainda mais com a comida de Justa e os cuidados do senhor Nobre. O segredo deles? "Atenção aos clientes e bons produtos frescos", contou-me Justa. Não duvido. Simplicidade e tradição, completo.

SALSA E COENTROS
Lisboa

Abandonei o friozinho que fazia, era um inverno ameno, e entrei no Salsa e Coentros na hora do almoço. O restaurante estava lotado, só moradores locais. É um sítio de cozinha tradicional, de sabores regionais, alentejana e transmontana, desde 2005. Pensei em comer um arroz de perdiz; fiquei em dúvida se pedia as bochechas de porco preto ao vinho tinto, ou o pato borracho com arroz malandro. Quem sabe o arroz de pombo bravo? Não, acho que lebre com feijão. Fiquei em dúvida: o bacalhau com natas e coentros me pareceu bom, ou será que o peixe confitado com grãos? Com fome, a escolha era difícil. Só fui certa no toucinho-do-céu, com fios de abóbora e amêndoas, receita de Trás-os-Montes, porque me deixou a pensar nos meus antepassados que lá nasceram. Sem reserva e com sorte, conseguimos um lugar no subsolo, tudo bem. Descubro que Mick Jagger, ele de novo, jantou ali, na *cave*, então, está tudo certo. Descubro também que túbaras são cogumelos bem próximos da trufa, com mais sabor e menos aroma. Devia ter pedido, não me escapam na próxima vez.

INGLATERRA

Talvez você ainda acredite que não se come bem na Inglaterra. Isso é passado. Só não supervalorizavam a gastronomia como franceses, italianos e espanhóis. Tradicional e diversificada, sim, porém, hoje, também cosmopolita e criativa. A boa fama não veio da descoberta de pratos famosos, como o *wellington beef*, o filé envolto em massa folhada, ou o "chá das cinco", servido com *scones*, os pãezinhos de fermentação rápida, sanduíches e pudins; nem do *yorkshire pudding* ou da *banoffee*, a torta de banana; ou do *fish and chips*. Quem ajudou a mudar um pouco o preconceito da comida de lá foram os programas na televisão comandados por Jamie Oliver, Nigella Lawson e Gordon Ramsay. Os três simplificaram a culinária inglesa, mostrando que podia ser boa, e afastaram pratos que pudessem assustar, como o embutido à base de sangue, a torta com as sobras de carnes e vegetais, o pudim de rim, a gelatina de enguia, quase uma buchada nordestina, *haggis*, preparada com miúdos de carneiro misturados com aveia, e o *toad-in-the-hole*, chamado sapo no buraco, simplesmente uma linguiça envolta em massa.

Mas foi Heston Blumenthal, que, saído do mítico elBulli, de Ferran Adrià, esbanjou criatividade nos pratos. Levas de *foodies* foram até o seu primeiro restaurante em Berkshire, o The Fat Duck. Blumenthal ainda apresentou ao mundo o caramelo com flor de sal, arte de um confeiteiro interiorano. Sim, o famoso doce é de lá e ganhou o mundo. Hoje, Blumenthal tem outros restaurantes, um deles instalado no requintado hotel Mandarim Oriental. Os famosos *pubs* também podem justificar a viagem até Londres, além dos restaurantes especializados em cozinhas mais distantes. Uma verdadeira volta ao mundo, começando pela gastronomia indiana, mas principalmente pela leva de chefs criativos em muitos restaurantes que valem a visita.

THE LEDBURY
Londres

Desci de um daqueles icônicos táxis pretos de Londres, atravessei uma pequena calçada e, como mágica, a porta se abriu. Deviam estar espiando da janela. Parecia que entrava na casa de amigos – amigos chiques, é bom ressaltar. Impressiona o bom-gosto e também o toque de informalidade. O salão é pequeno e o serviço é perfeito, conhecem tudo e informam detalhes. Eles conseguem mesmo ser acolhedores. Quando chegam as pequenas entradas do menu degustação, você percebe que acertou na escolha e que as impressões do ambiente se repetirão na comida, ou na sobremesa, com ingredientes conhecidos: banana, na versão caramelizada, amendoim e maracujá. Destaco o *carpaccio* de couve-flor e a carne com tutano. O chef australiano Brett Graham está no comando da cozinha e apresenta ingredientes na sua máxima expressão, com combinações e cocções perfeitas. Sabe o que faz. Serve apenas menu degustação, que muda sempre. Instalado no charmoso bairro de Notting Hill, desde 2005, diria que o Ledbury é um clássico, *very british*, e muito recomendado. Aliás, é uma recomendação certeira, reforço.

KOYA
Londres

É uma portinha pequena com aquelas cortininhas típicas. Entre. Dentro, a decoração é minimalista. Ambiente despojado, mesas comunitárias, cozinha aberta para o salão. Você só chega ali a pé, as ruas estreitas do entorno já dão pistas para a experiência. Imagino que estou no Japão mesmo sem ter ido e sem sair de Londres. Não esqueço o sabor do caldo de pato, o melhor *dashi* que já provei, revigorante, intenso e perfumado – era a base para o *udon noodle*, aquele macarrão grosso japonês, que podemos dizer se tratar de uma nova onda culinária.

Estamos no Koya, um típico *udon noodle bar*. Comida saudável e barata. Produtos de qualidade e autenticidade são a receita da casa, aberta em 2010. Carta de saquês de fazer revirar os olhos. É difícil ficar em uma taça apenas; cuidado. O cardápio está nas paredes, fazendo parte da decoração, mas o que me atraiu, claro, foi o quadro-negro no meio do restaurante, onde o chef Junya Yamasaki coloca o que será oferecido de diferente no dia – o convidativo *small plates*. Experimentei também as ostras levemente cozidas no bafo e o tempurá.

O sucesso da casa foi tanto que abriram um bar ao lado e ali pode-se esperar a vez tranquilamente, porque não fazem reservas. Anote o endereço para a próxima viagem a Londres. Tem aquele horário perfeito: abre de manhã e vai até a noite. O primeiro, no Soho, foi o que eu visitei, agora tem outros dois endereços: City e Hackney. Cada vez mais ando em busca de lugares assim. Pode ser que seja pela dose exagerada de refeições da alta-gastronomia. Pode ser por cardápios sem novidade. Pode ser.

SCOTT'S
Londres

Escolhi o Scott's porque não queria correr riscos. Não se pode desprezar a casa tradicional especializada em frutos do mar fundada em 1851 na capital inglesa. Fui animada. Lagosta e peixes fresquíssimos são as indicações, sem esquecer as ostras, por favor. Aliás, tudo começou com elas. É um legítimo *english bar*. À moda antiga, o que também se traduz em bom-gosto e bom serviço. Você comerá ao lado de elegantes executivos, a maioria homens, e pouquíssimos turistas – preste atenção, talvez até a Nigella Lawson, a chef que conhecemos da televisão, esteja por lá. Dizem que é a combinação de gente bonita com comida boa a razão do sucesso. Tenho certeza. Se tiver tempo, aproveite para flanar pela vizinhança, você está ao lado dos endereços cobiçados de Mayfair, ou fique numa mesa na calçada se o tempo ajudar. Com frio também dá pra entender o porquê daqueles aquecedores externos. Quer mais um atrativo? Fica aberto o dia todo, do meio-dia à meia-noite, domingo a domingo. Às vezes, a gente tem preguiça até de pensar aonde ir. Quando isso acontece, você lembra que tem o Scott's. Ah, gosto de saber que dá para sentar num banco do bar só para um aperitivo e ver o dia passar. Uma taça de champanhe e um prato de salmão selvagem defumado da Escócia bastam. Acredite.

HEDONE
Londres

Não pensava em sair da Dover Street Market; estava atordoada com o que via nos quatro andares da loja-conceito da marca japonesa Comme des Garçons, puro *design*. Quando me dei conta, estava na hora do almoço. Perguntei ao atendente se ele conhecia minha escolha para o almoço e se ficava longe dali. "*Miles and miles from here*". Não acreditei, ele devia estar enganado. Não estava. Era melhor não me atrasar na cidade que preza pela pontualidade. Aos poucos, via o táxi se afastar de Londres a caminho do subúrbio, direção oeste da cidade. Com tanto lugar para ir, como vou escolher um tão longe assim?

Depois de pouco mais de meia hora, quase 30 libras marcando no taxímetro, eu chegava ao Hedone, do chef sueco Mikael Jonsson, um ex-advogado e blogueiro de gastronomia, obcecado pela excelência dos ingredientes que usa. Como estava sozinha, pedi para ficar no balcão em frente à cozinha do pequeno restaurante. Serviço excelente. Rigor absoluto no preparo dos alimentos, silêncio e organização hospitalar de impressionar. Fui agraciada com produtos excepcionais, tanto peixes quanto carnes. Vieiras, lagosta, tartar de *wagyu* e *foie gras* principalmente, sem falar no pão, *petits fours* e sobremesas. Poucos ingredientes no prato, comida saborosa e descomplicada, no clima de cidade do interior. Sofisticada, claro. Experiência prazerosa, como sugere o nome do restaurante. Adoraria voltar. Infelizmente, o Hedone abandonou a estrela Michelin e fechou na pandemia. O restaurante virou uma padaria, a Hedone Bakery, boa notícia, pelo menos temos o chef em ação. Lembra que eu falei dos pães e doces?

SKETCH
Londres

Uma grande porta se abriu levando um pouco de luz ao imenso *hall* do prédio centenário. Chapelaria de um lado, vitrines com porcelanas no outro. Avanço por uma pequena escadaria, me identifico e, pelo canto do olho, vejo uma sala toda enfeitada, paredes em tons de azul carregadas de desenhos. Estava lotada – era hora do tradicional chá inglês.

Seguindo receosa pelo corredor escuro que se afunilava, fui conduzida pela *hostess* que abriu caminho até meus olhos pousarem na imensa e inacreditável sala cor-de-rosa. O Sketch existia mesmo. Naquela altura, já havia me transformado em personagem de um filme do Tim Burton e era só aproveitar. As obras de arte do bem-humorado David Shrigley, só vendo, completaram o clima às gargalhadas. Acho que o champanhe servido em taças arredondadas, com a forma dos seios da rainha Maria Antonieta, dizem, que voltaram a ficar em voga, ajudou. E por esse cenário, por um ou outro sanduíche, principalmente, o de salmão defumado, e os doces, inclusive os clássicos *macarons*, tudo o que eu provei, o Sketch vale a visita – a ida ao banheiro também é outra surpresa, que não vou estragar. Ideal para um programa romântico ou uma tarde com as amigas. Deixei o restaurante comandado pelo triestrelado francês Pierre Gagnaire para outra oportunidade. A casa tem ainda um bar e, na madrugada, pista de dança. Dessa vez, a comida não foi protagonista. Um convite mágico para fugir da realidade. É isso. Merecemos.

OTTOLENGHI
Londres

Embarquei feliz no avião para Londres. Iria conhecer pelo menos um restaurante do chef Ottolenghi. Estava impressionada com as receitas que eu havia preparado no Brasil de um dos seus livros. Claro que, depois da visita, comprei outros e até hoje eles me acompanham. Continuo os testes com suas receitas e minha admiração só aumenta. O chef tem vários restaurantes na cidade. Escolhi o que foi aberto primeiro, em 2002. Cheguei em frente àquela casinha branca e fiquei parada por alguns minutos olhando para a vitrine do pequeno estabelecimento – mais uma *deli* do que um restaurante. *Deli* é a abreviatura de *delicatessen*, local que reúne comidas e bebidas de qualidade. E a dele, em Notting Hill, além das especialidades e de ser acolhedora, é linda. Os pratos enormes e coloridos em várias alturas, pilhas de suspiros e bolos, um enorme vaso com flores no canto; tudo convidava a entrar. Entrei. Depois, prestei atenção aos moradores locais escolhendo os pratos para levar.

 Achei que a comida não merecia a mesinha apertada no quarto do hotel. No restaurante, apenas uma mesa coletiva nos fundos, degustei os minutos. Afinal, eu estava no Ottolenghi, a casa do chef. Sem pressa, esperei para sentar. Confesso, foi difícil escolher entre as diversas opções de saladas, pratos quentes, sobremesas, bolos e biscoitos. Cozinha árabe e israelense, inspirações vindas da Sicília ou do Marrocos, todas perfumadas e apetitosas, juro. Anote o nome, compre os livros, cozinhe, vai se apaixonar. Deixei o Ottolenghi impregnada dos temperos a que quase não temos acesso.

HIBISCUS
Londres

Vem da curta temporada londrina a próxima e última sugestão daquelas paragens. Falo do Hibiscus, restaurante do chef Claude Bosi, aberto em 2007. O francês, que tem uma experiência de trabalhar com Alain Passard no currículo, criou um ambiente refinado, ao estilo do bairro londrino Mayfair, onde está localizado. Ali, nem música para distrair. Comecei mergulhando na espessa espuma da soda de maçã e hibisco. Segui satisfeita, principalmente quando coloquei na boca a versão moderna do *fish and chips*, com couve-de-bruxelas. Eram apenas duas folhinhas, mas que sabor. A batata inflada causaria inveja às melhores churrascarias brasileiras, a carne vem ao ponto menos, não adianta pedir diferente, eles avisam logo na entrada. O chef escolhe poucos ingredientes para cada criação, como na vieira com trufas, servida com pó de rabanete crocante. Impressionou-me também a *sommelière*, com pouca idade, porém muito conhecimento. Um vinho grego, cujo aroma arrepiou meus cabelos, acompanhou dignamente a espuma de ovo servida com abóbora, outro acerto da casa. O segundo vinho, um francês, trouxe de volta o prazer olfativo e acompanhou o prato com caranguejo. No *dumpling*, o bolinho cozinho no vapor, explodiram o sabor de ervas e temperos delicados e a acidez, que predomina nos pratos do chef, além das castanhas e do amendoim. E assim foi.

Encerrando a noite, bolo com especiarias, folhado de chocolate e torrone com pistache – uma avalanche de prazer. Resisti bravamente a dias intensos e fartos, convivendo apenas com um inconveniente encolhimento das minhas roupas. O Hibiscus fechou, então fui atrás do chef Claude Bosi. Ele agora está à frente do Bibendum, já com duas estrelas Michelin, que funciona no primeiro andar de uma casa antiga. No térreo, está o Oyster & Seafood. As flores na entrada – são tantas – convidam a entrar. Londres nos chama.

HOLANDA

Pensamos em liberdade. Barcos, tulipas, bicicletas – mas dificilmente em restaurantes famosos ou movimentos que promovam a culinária local quando vamos à Holanda. Mais ou menos. *Herring*, o peixe pescado entre maio e julho, servido cru com cebola e pepino em conserva, é idolatrado e deve ser provado, ou você não poderá dizer que passou por lá. As terras desconhecidas revelaram-se atraentes, com alguns produtos emblemáticos e a comida de rua chamando a atenção, além dos queijos produzidos desde 800 a.C., exportados mundialmente. Com o *herring* conservado no sal, sem a cabeça e as vísceras, fazem o sanduíche *broodje haring*. Coloque na lista também a *stroopwafel*, uma bolacha de Gouda, ao sul de Amsterdã, no Vale dos Queijos. A bolacha original você come na Lanskroom Bakery. Saudades de casa? Que tal um *kroket*? Sim, o empanado de carne nos faz parecer que já estamos entendendo a língua local.

Abaixo do nível do mar e acima das proibições. Há séculos, ficaram conhecidos pela tolerância, mas não conseguiram impedir o avanço do nazismo. A casa de Anne Frank está lá para levar os mais sensíveis às lágrimas. São liberais por convicção e recebem bem os turistas; todos falam inglês. A terra dos moinhos, dos diques e dos tamancos de madeira – os *klompen* – da famosa rua da luz vermelha e dos bares onde a *cannabis* é liberada tem surpreendido aqueles que gostam de comer bem. E não vá esquecer a *pannenkoeken*, a conhecida panqueca, e outros *snacks* que você come direto de máquinas Febo espalhadas pela cidade. Alguém falou que não havia uma culinária peculiar na Holanda?

THE COLLEGE
Amsterdã

Fui parar em terras desconhecidas. Dei de cara com Amsterdã. O diretor britânico Peter Greenaway, conhecido pelo filme *O cozinheiro, o ladrão, sua mulher e o amante,* adotou-a como morada: "É a melhor cidade do mundo para se viver". Foi fisgado pelo "conforto com o discreto modo de vida local". Ele conta que a regra para os holandeses é tentar não ser extraordinário, porque ser comum já é extraordinário. É claro que busquei endereços que compensassem o deslocamento entre continentes. Dois nomes da lista dos *50 Best* na mira, porém Oud Sluis e De Librije estão afastados da cidade e tornaram as minhas opções mais difíceis – em um deles o chef estava viajando, em outro a distância e o pouco tempo no país impediram que eu o conhecesse.

Assim, escolhi dois restaurantes em hotéis da cidade: The College e Dylan. Se vivemos de goles homeopáticos de prazer e emoções, para sobreviver às intempéries, do tempo, ou não, tivemos um pequeno aperitivo ali de momentos agradáveis. The College é um hotel da lista dos endereços charmosos – lembra o Faena, de Buenos Aires. Instalado em um ginásio do século XIX, o prédio já é uma atração. O restaurante funciona como uma escola e, para julgá-lo, é preciso considerar que era domingo à noite e que o chef Wilko Hoogendoorn não estava. Mesmo assim, um bom jantar. Preciso dizer que as sobremesas eram verdadeiras esculturas equilibradas entre texturas desafiadoras, como a pronúncia das palavras na língua do país. Porém suaves, levemente doces e coloridas. Elas brincavam com a temperatura e também tinham muitas frutas dando brilho à sequência sugerida. Além da imponência do prédio, da decoração e do jardim perfumado, são elas que carreguei comigo ao deixar o The College.

VINKELES
Amsterdã

Atraque o barco em frente ao Dylan Hotel Amsterdam, localizado no canal Keizersgracht. Atravesse o portão. A cozinha de base francesa do Vinkeles, que balança entre o estilo clássico e contemporâneo, responsável por bons momentos na minha visita, protagonizada à época pelo chef Dennis Kuipers, vai te receber. Hoje, é Jurgen van der Zalm quem toca o restaurante. Serviço e harmonização perfeitos. Aberto em 2009, tem uma estrela Michelin. Servem menus de quatro a cinco pratos, ou o menu maior com a assinatura do chef. Construído onde funcionava uma padaria até 1811, exala charme, conservado durante a restauração. Os fornos originais estão lá ao lado das mesas com toalhas engomadas. Conhecer o prédio, prestar atenção em detalhes que o lugar quase esconde, imaginar como seria viver ali quando foi construído e qual cheiro o pão saindo daqueles fornos teria e andar pelo jardim fazem parte da experiência. A luz de velas ajuda a criar o clima romântico que nunca mais se esquece.

PUCCINI BOMBONI
Amsterdã

A loja não era pequena, nem grande. Era lotada de produtos. Uma vitrine de canto a canto da esquina deixava-a nua. Dava para espiar de fora seu coração. Os papéis coloridos das embalagens combinavam entre si, parecia uma festa infantil. Fiquei andando em frente, prestando atenção. Quando entrei, fui logo anestesiada, sentindo um calor doce. Dei várias voltas entre as prateleiras. Demorei para escolher o que levaria. Provei. Provei mais um pedaço. Senti o chocolate derreter tocando a língua, enchendo a boca toda. Fiquei meio tonta com o sabor e a textura perfeitos. Saí, depois não acreditei que eu comprei um *bomboni*, apenas um! Não acreditei porque a loja tinha um aroma que eu queria levar comigo pra sempre. Fiquei impressionada também pelo fato de o chocolate não levar conservantes e, por isso, sem nenhuma química, deve ser consumido em sete dias, além da beleza dos chocolates expostos. Enfim, o fato é que o Puccini Bomboni não me sai da cabeça. *"No sugar, no butter, no artificial additives".* Sem açúcar, manteiga, nada artificial.

Estava no paraíso, pensei. E numa busca aleatória numa livraria, procurando mais da poesia local, deparei-me, imagine, com o poeta português Fernando Pessoa: "Não digas nada!/ Nem mesmo a verdade.../ Talvez que amanhã/ Em outra paisagem/ Digas que foi vã/ Toda essa viagem/ ...Mas ali fui feliz/ Não digas nada". Lia dando mordidinhas no bombom para prolongar os minutos doces.

SUÉCIA

O país demorou a entrar na minha lista. Tudo o que eu sabia sobre a comida da Suécia era que tinha muita batata e carne no cardápio. Uma colega casada com um sueco, todos os dias, no escritório, ligava para casa e repetia a senha, "já colocou as batatas para cozinhar?". É a chamada "comida reconfortante" deles. Claro, sabia da variedade de pães, brancos, escuros, macios, crocantes, de massa fermentada; das sopas quentes e frias; do *gravlax* de salmão selvagem curado; das panquecas. Mas o responsável pela minha ida para lá foi um restaurante quase no Polo Norte. Parti cheia de expectativas para ver de perto esse pedaço de um mundo distante e desconhecido. Não seria possível escrever sobre gastronomia sem conhecer o Fäviken, não sem a ajuda da filha da minha amiga que destrinchou o caminho para eu chegar lá. Era difícil na época. Hoje, infelizmente, o restaurante não tem mais o chef que deu fama à casa.

A viagem exigia uma parada em Estocolmo; tinha ouvido falar de outros dois chefs na capital. Conheci também um pouco da tradição local: a carne de caça e os processos de conservação para abastecer a população durante o rigoroso inverno. Além disso, métodos de preparo que remontam à era *viking* e às influências francesas nos séculos XVII e XVIII, assim como o uso de produtos lácteos. Movida pela comida dos locais visitados, como a do Östermalms Saluhall, o mercado local, e pelas lembranças, nem vou enumerar aqui as vantagens do país sobre nós, como ter a melhor qualidade do ar, e uma estratégia para se ver livre dos combustíveis fósseis até 2040. A Suécia é parada para comer bem.

SALUHALL
Estocolmo

Você não precisa ir a um lugar luxuoso, ter cristais e talheres de prata à mesa para comer bem. Tudo isso pode ajudar, porém é a comida e o atendimento que interessam. Contam ponto a atmosfera do lugar, o acolhimento, a paixão de quem está preparando tudo, que, claro, são percebidos. Suas expectativas, como você chegou até ali e seu humor também podem interferir. Pensando nisso tudo, me lembrei de uma refeição memorável em um mercado, no Saluhall, em Estocolmo. É um dos dez melhores mercados do mundo. O lugar é limpo e silencioso, o prédio onde está instalado foi construído em 1880. Comecei com um sanduíche tradicional de salmão selvagem e depois fui desvendando o que cada quiosque tinha. Daí, provei a bisque de lagosta, a melhor sopa típica francesa da vida. Só por ela eu voltaria ali. Os restaurantes do mercado abrem também para o jantar. Difícil foi ir embora.

FÄVIKEN MAGASINET
Selånger

A viagem até a longínqua Östersund, distante 80 quilômetros de Fäviken e 650 de Estocolmo, começou uns sete meses antes de eu colocar os pés na terra gelada dos *vikings*, quase no Polo Norte. Primeiro, precisei convencer alguém a me acompanhar na jornada, depois descobrir como chegar lá. Era como voltar no tempo – o Fäviken estava instalado num celeiro secular de difícil acesso, reformado, porém intacto na parte interna, e servia apenas doze pessoas em alguns dias da semana. Quando entrou na lista dos *50 Best* – os melhores restaurantes do mundo –, ficou mais conhecido, e o mistério de ir até lá acabou. Infelizmente, não pude voltar mais uma vez; o Fäviken fechou. Jamais esquecerei o jantar lá e o café da manhã do dia seguinte. Jamais.

A ideia era um tanto maluca. Depois do voo em um avião pequeno até Östersund, capital do estado de Jamtland (também dava para ir de trem), alugava-se um carro para chegar à fazenda da família Brummer, onde havia uma área de caça, um pequeno hotel, com banheiro coletivo, e o restaurante, à época sob o comando de Magnus Nilsson. Formado pela escola francesa e com passagem pelos melhores restaurantes de Paris, Nilsson decepcionou-se quando voltou a Estocolmo; os ingredientes eram muito diferentes daqueles com que estava habituado a trabalhar. Decidiu que não cozinharia mais e buscou outra formação. E foi como *sommelier* que desembarcou no Fäviken. Na verdade, era uma volta às origens; ele nasceu numa fazenda ali perto, na pequena vila de Selånger. O restaurante andava sem movimento e ele acabou assumindo a cozinha sozinho, quando havia apenas uma mesa comunitária para oito pessoas. Aos poucos, ele transformou o lugar em um destino cultuado. Com o boca a boca, a sala de jantar passou a abrigar doze lugares, outros cozinheiros chegaram para ajudar e o local começou a ser muito procurado. Coube-lhe resgatar as tradições ancestrais de preparo de alimentos, fazer conservas, usar peles desidratadas e fermentações, guardar a caça e os vegetais para os dias de frio, numa cozinha precisa e organizada. Tudo isso para servir uma comida cheia de sabor, tornando o local diferenciado. No menu único por noite, estavam ovas, ganso defumado, ruibarbo fermentado, peixe salgado e guardado no porão do casarão por meses, musgos e algas, ovo de pato, tartar de coração de boi com tutano preparado na frente dos clientes – o osso era cerrado no salão.

A horta era mantida pelos cozinheiros do restaurante, e quem visitava o Fäviken sentia a paixão genuína do chef. A música folk baixinha; o assoalho de madeira respingado de gordura rangendo ao mais suave passo; as peles enormes espalhadas pelas salas; as carnes em maturação penduradas;

as garrafas de licor artesanal; a noite fria de céu claro eterno, nem sei se escureceu, quando fui dormir, quase meia-noite, ainda estava claro; a neve no alto do cume ao longe; tudo dava a certeza de visitar um passado desconhecido e conhecer um universo cheio de possibilidades.

Na volta, nem achei tão longe ou de difícil acesso. Com o GPS, não existem mais obstáculos. Descobri que queria mais uma experiência ali – pensei em ir no inverno, para sentir como é a rotina do local no frio de quase 40 graus negativos. O banquete exótico não se repetiu. Quando saiu do restaurante, Magnus Nilsson integrou a equipe de pesquisas do famoso chef René Redzepi, em Copenhague. Hoje, tem um projeto de cozinha tradicional sueca usando produtos locais e valorizando a tradição, "igual e ao mesmo tempo diferente" do estilo Favikën. Não vejo a hora de conhecer.

DJURET
Estocolmo

O vento era um uivo; fazia barulho e cortava o rosto como uma navalha. Era desafiador vencer as ruas estreitas e escuras da ilha. Ali Estocolmo foi fundada, no ano 1200. Andava me escondendo atrás de postes e das minhas companhias, rindo nervosa. Por sorte, ao abrir a porta do Djuret, dei adeus ao frio. Mas, ao me deparar com enormes bichos empalhados, senti um arrepio. Guiada pela luz das velas, fui passando por pequenas salas até chegar à mesa reservada. Aninhei-me na cadeira e me aqueci, olhando as fotos de caçadores, enquanto esperava um ataque pelas costas a qualquer momento. O ataque não veio; a surpresa ficou só por conta do vinho e dos aperitivos e, depois, da sequência de carnes servidas. Respirei aliviada.

Há muito tempo, eles praticam ali o que é conhecido por *nose-to-tail* sem riscos para os clientes. Aproveitar o animal inteiro, sem desperdícios, como antigamente, é a regra. A caça chega, respeitada a sua época, e é servida em duas opções: no menu clássico (tartar, *terrine*, salsicha etc.) ou em modernas interpretações. O dono e os cozinheiros é que podem ter ido a campo. É comum participarem da caça. No *site* do restaurante, você confere como são as propostas para as temporadas, como a do porco de Linderöd, em abril, com vinhos que podem ter vindo da Ribera del Duero, na Espanha, ou o menu anual de pato, no começo de maio, com vinhos franceses de Burgundy. A adega impressiona. Aposto que vai querer conhecer – tem até menu vegetariano, mesa dentro da adega, no bar e nas salas privadas. Há ainda uma proposta de *walking dinner*, um jantar no qual os felizardos não ficam apenas em um local, visitam e provam pratos de seus quatro restaurantes numa noite. Tentador, não?

FRANTZÉN
Estocolmo

Ando pelas ruas escuras e estreitas de Gamla Stan, na ilha de Stadsholmen, onde nasceu Estocolmo. Não é *Meia-noite em Paris*, de Woody Allen, mas tenho certeza, como o protagonista, que cruzei um portal. Sou uma intrometida em um filme *noir*. Estou na parte antiga da cidade esparramada entre quatorze ilhas. O carro para na estreita Lilla Nygatan, número 22. Encontro o endereço que procuro. A arquitetura do local é gótica, os tijolos são envelhecidos, de um tom entre o acobreado e o cinza e há pouca iluminação. Desço e sou recepcionada pelo *doorman* – um senhor alto de cartola e fraque –, que me conduz até uma porta pequena, onde já funcionou uma das primeiras leiterias da cidade. Subo quatro degraus e entro numa sala com poucas mesas; são dezoito lugares e treze cozinheiros. A música é baixa e tudo é branco, das paredes às toalhas, dos guardanapos às cortinas. Não tem nada sobrando e nada faltando. Sento em frente à minúscula cozinha, no balcão para quatro pessoas.

Não podia imaginar o que provaria. Minutos depois, duas caixinhas de madeira foram colocadas sobre a mesa, uma com vários talheres e outra com a massa de pão ainda em crescimento. Aceitei água e a harmonização de vinhos para acompanhar o jantar de dezessete pratos. A *wine spectator* indicou o lugar como o "melhor restaurante para amantes do vinho". A influência asiática é marcante; pode estar nos pratos, no cuidado com a escolha dos produtos ou na técnica ancestral de matar o peixe – *ikejime* – para reduzir o sofrimento e para o sangue não se espalhar na carne, atenuando os efeitos de reações bioquímicas. Com a descrição do menu degustado em mãos, entendi a proposta de inspiração *kaiseki* dos chefs: uma sequência de pratos que propõem um equilíbrio entre sabor, textura, aparência e cores.

Lembrei do ambiente quase austero, assim como o chef, e da cozinha aberta para o pequeno salão quando vi a colocação do restaurante nos *rankings*. Subiu rápido. Na época que fui, Björn Frantzén ainda tinha a sociedade com Daniel Lindenberg e acrescentava mais um sobrenome ao nome da casa. Na sala despida de excessos, fui lançada num mundo de surpresas, onde a comida – com frutos do mar fresquíssimos, queijos e laticínios puríssimos – é a estrela principal da cena. Refeição de que não se esquece, seja pelo rigor na escolha dos ingredientes, seja pelo uso de produtos orgânicos, seja pela apresentação dos pratos, seja pela seriedade com relação ao ofício. Parceiros da mesma ideologia, os chefs não seguiam o manifesto da cozinha nórdica definido por René Redzepi, do restaurante Noma, mas mantinham a obsessão pela qualidade dos ingredientes. Mais de 70% do tempo dos cozinheiros era dedicado à escolha de bons produtos, o que inclui a manutenção de hortas e a seleção de produtores diferenciados. Ambos os chefs trabalharam em restaurantes estrelados franceses e ingleses, antes de abrir o restaurante em 2008. Com muitos prêmios, Frantzén diz que nada muda na rotina do restaurante, apenas sabe que está indo na direção certa. Continua se aprofundando cada vez mais no que acredita fazer diferença numa cozinha. Assar o pão um pouco depois de o cliente chegar ao restaurante, bater a manteiga na hora de servi-la, ou manter um aquário para servir lagostins frescos: uma amostra da obstinação de servir o melhor. Culto ao ingrediente e aos molhos, para apresentar sabores genuínos. Vegetais da época, colhidos na hora certa: um dos segredos. Hoje, o chef faz parte de um grupo que tem vários restaurantes, dois em Singapura e dois em Dubai.

MATBAREN E MATSALEN
Estocolmo

Assustada com a fama dos dias curtos e escuros que se arrastam por meses, bem mais do que estamos acostumados com o nosso inverno, escolhi o verão para a visita a Estocolmo. Deve ser por isso que o primeiro pôr do sol que avistei já na chegada à capital sueca fez meu coração disparar. A visão das pontes que cortam a cidade, a água batendo nos muros da parte medieval preservada, a Gamla Stan, com a luz avermelhada por cima e com uma ópera como fundo musical, exigiu disfarçar o olho marejado e fugir do vexame de chorar em público. E nem conheci o "sol da meia-noite" – só um pouco do trabalho do chef experiente Mathias Dahlgren. Com uma vista que faz descansar os olhos, em frente à cidade velha, o chef dá vida ao imponente e clássico Grand Hotel Stockholm com seus dois restaurantes: Matbaren e Matsalen, desde 2007. A cozinha natural do chef é disputada, e eu continuo sonhando com um jantar na mesa de dois lugares dentro da cozinha do Matsalen. Tive uma pista do seu talento no Matbaren. Ali o ambiente é mais descontraído, os preços mais em conta, é possível dividir os pratos, possibilitando provar mais opções. Muitos pratos já foram testados no restaurante vizinho e o cardápio muda de acordo com a estação.

DINAMARCA

Assim como na Suécia e no Chile, o nome de um cozinheiro fez a Dinamarca virar destino. René Redzepi e seu restaurante Noma me levaram a conhecer a exótica, para nós, e provocadora gastronomia local. Ele conseguiu uma proeza: chamar a atenção para o país. Depois, viajou o mundo e anunciou o fechamento da casa, que deve virar um centro de pesquisas. Agora, outro nome, Rasmus Kofoed, me faz querer voltar. Conheci Kofoed em São Paulo, provei um prato na época preparado por ele, que foi o suficiente para querer ir até o seu Geranium, que, em 2022, levou o título de melhor restaurante da lista *The World's 50 Best Restaurants*.

Na Dinamarca, o que reina são os pratos ricos em gordura e carboidrato que ajudam a sobreviver aos invernos rigorosos e longos. A cidade começou com uma vila de pescadores, um porto; hoje, é modelo de sustentabilidade, tem 400 quilômetros de ciclovias e pretende ser a primeira capital sem emissões de carbono do mundo. Os produtos locais entram na história da gastronomia de lá: cereais, laticínios, carne de porco, peixes, batatas, cervejas e pães. Os sanduíches abertos, *smorrebrød*, servidos geralmente no almoço com manteiga, peixe ou carne fria, mais salada no típico pão escuro, o *rugbrød*, fazem par com as almôndegas, *frikadeller*. Além disso, é famoso o cachorro-quente com salsichas dinamarquesas. E também são típicos: arenque defumado, arroz-doce, biscoitos de canela e panquecas. Mas os chefs criativos de lá fazem muito mais; muitos são classificados pelo Guia Michelin e nos provocam para visitarmos Copenhague, que tem uma cidade independente no centro da capital. Christiania é outra atração, um parque de diversões, o Tivoli, muitos castelos, assim como aquelas famosas casinhas coloridas em Nyhavn.

NOMA
Copenhague

O pelego de carneiro macio, quase preto, no encosto da cadeira do restaurante ajudou a diminuir o tímido frio daquela manhã em Copenhague. Hoje, eu o vejo na cadeira da minha casa. Ousadia colocá-lo na mala, ainda que com uma certa licença. Então, o melhor restaurante do mundo era quase uma cabana mesmo que distante de uma floresta. Parecia mesmo. Foi a primeira pista de que eu entraria em um mundo desconhecido. No Noma, à época, instalado no térreo de um prédio do século XVIII, um velho barracão portuário, citado até nos roteiros turísticos – "aqui é a ilha artificial de Christianshavn e ali está o restaurante número um do mundo" –, a comida é nórdica (**nordisk mad**) e inspirou o nome do local.

Eu descobriria outros sinais de uma viagem inusitada durante o almoço. Luxo mesmo só a comida, ainda desconhecida para a maioria dos clientes. A cozinha vista já na porta de entrada do restaurante não tinha nem tomates, nem *foie gras*, nem molhos à base de vinhos. Há quase vinte anos, ninguém imaginaria isso.

O banquete me esperava na mesa bem à minha frente, precisei colher as minúsculas cenouras e rabanetes orgânicos, tenros e cheios de sabor, plantados num vaso com terra comestível – na verdade, uma mistura de grãos, castanhas e ervas trituradas. Era o primeiro *snack*, ou aperitivo. Segui com a descoberta do caramujo da Suécia aninhado dentro de uma flor, tudo no mesmo buquê. Depois, fui convocada a quebrar e fritar um ovo de papagaio do mar da Islândia, acompanhado por ingredientes inusitados que nem sei o que eram. O pequeno camarão veio cru.

Além da natureza monumental do país, que me deixava de boca aberta, também impressionam o equilíbrio social, a vida simples e o respeito ao meio ambiente. E sabem mesclar tradição com vanguarda. Daí fica fácil entender por que quase todos os cozinheiros do restaurante desfilavam suas criações, entregando, pessoalmente no salão, o que acabavam de finalizar na cozinha. Isso também não era comum pelo mundo, assim como colocar pelegos de lã de carneiro no encosto das cadeiras. O responsável pelo prato cuidava de tudo, até da compra dos ingredientes, com direito a explicações para os clientes sobre o que comeriam e como comeriam. Lá também não se via o "toque", o chapéu que distingue o chef dos demais cozinheiros. Quando Redzepi foi receber o prêmio de melhor restaurante pelo *ranking* dos *50 Best*, em Londres, pela primeira vez, toda a equipe foi junto – inclusive um cozinheiro, imigrante africano, que teve o visto negado. Ele estava na foto que os colegas estampavam na camiseta que vestiam.

A primeira vez no Noma foi uma epifania; tudo era completamente diferente do que se via em outros restaurantes pelo mundo. A comida quase crua, com ingredientes prosaicamente frescos, mas temperados ou usados como guarnição, até um prato com cinza de feno como base para segurar o ingrediente servido, que podia chegar queimando, porque era assim que seus ancestrais faziam.

René Redzepi abriu o Noma aos 25 anos e, aos 32, conquistou o primeiro lugar no prêmio da revista *Restaurant*, o *50 Best*, o mais cobiçado da atualidade. E pensar que só entrou na carreira por influência de um amigo. O começo foi difícil – ninguém entendia a intenção do jovem cozinheiro. Ele não se abateu e, durante uma tormenta existencial, acuado numa cabana, com frio de 44 graus negativos, nos confins da Groenlândia, decidiu teimar em explorar as estações e a natureza, me contou. Começava ali a se libertar do aprendizado dos anos passados no restaurante elBulli e em outros famosos, para criar, com liberdade, a própria cozinha, com uma assinatura peculiar. É preciso paciência, conhecimento e trabalho duro, recomendava Redzepi.

Redzepi adora feijões e vegetais e não tem um prato preferido, mas sabe que precisa tirar proveito da natureza e a respeitar;

aprendeu isso nas férias na Macedônia, terra de seus pais, quando criança, e nas andanças pelo mundo. Sua ascendência – o pai é um taxista muçulmano que imigrou para Copenhague no início da década de 1970 – contribuiu para a formação.

Uma vez no Noma, é possível sentir a força do lugar e desfrutar um momento único. Era esse o desejo dele. Contudo, na segunda visita, o impacto não se repetiu. Apesar de pratos diferentes, a novidade tinha ido embora. Depois de muitos prêmios, o chef transferiu seu restaurante para temporadas em outros países, como México e Japão, com o intuito de mostrar seu trabalho, mas também buscar inspiração, arrisco dizer. Seu talento é inegável, o papel que teve para a cozinha nórdica foi fundamental. O país virou destino gastronômico, antes dele era algo inimaginável. Deu força ao *foraging*, isto é, o uso de ingredientes não convencionais. Porém, a fórmula se esgotou. Em 2023, foi anunciado o fechamento do restaurante. Em 2025, deve ser transformado em um laboratório de inovação – continuam as viagens de exploração e poderão surgir restaurantes *pop-up*. O modelo mostrou-se insustentável.

No anúncio do fechamento, depois de duas décadas, disseram que "para continuar a ser Noma, é preciso mudar... Vamos escrever um novo capítulo, Noma 3.0". A intenção, de acordo com a divulgação, é explorar novas ideias e desenvolver novos projetos. Não se falou em prejuízo.

Redzepi vem da escola de Ferran Adrià, que também fechou seu elBulli. E o que buscam esses chefs obstinados? Passei a fazer essa pergunta depois de conhecer e entrevistar alguns deles. Para eles, preparar perfeitamente os pratos considerados clássicos da gastronomia contemporânea é o mínimo, é obrigação de quem se aventura a seguir a profissão de cozinheiro. Esses chefs entendem que, no século XXI, é preciso ir além – e eles vão. Por isso, mergulham numa quase insana rotina diária de intermináveis horas de trabalho em laboratórios para descobrir novas técnicas, ou maneiras de preparo, ou vasculham campos e hortas atrás de ingredientes, ou fazem muitas viagens de exploração e divulgação de seu trabalho, com a única finalidade de surpreender quem se senta à mesa dos seus restaurantes, ou, com isso, ter muitos clientes e lista de espera para reservar e fama. Sei, por exemplo, de restaurantes que, mesmo tendo mesas vazias, deixam clientes esperando do lado de fora para dar a impressão de grande procura. Se tem muita gente, deve ser bom. De certa maneira, muitas pessoas vão para mostrar que frequentam, sem se importar com a qualidade do que comem.

Alcançar o posto de número um do mundo carrega o fantasma de não poder errar nunca. Outro problema é fazer um estabelecimento assim ser rentável, pagar bem os funcionários, não ter uma equipe enorme de estagiários não remunerados, respeitar o meio ambiente, ser criativo e servir boa comida. Redzepi foi inclusive acusado de praticar "escravização pós-moderna", de acordo com denúncias de ex-estagiários. O assunto, tratado em apenas algumas linhas, não se esgota. O filme *O menu*, lançado no final de 2022, sarcástico e provocativo, garantia de riso fácil, aborda a incoerência dessa estrutura e a cilada que a busca pelas ditas experiências incríveis pode representar.

GERANIUM
Copenhague

O restaurante Geranium já era meu primeiro da lista antes mesmo de o chef Rasmus Kofoed dar uma dose de seu talento na casa de um amigo em São Paulo. Presenciei sua fama de perfeccionista, e o prato que ele preparou no Brasil quase fez com que eu comprasse uma passagem para Copenhague na hora. Criativo e obstinado, é um chef respeitado. Escutei que ele não saiu da cozinha preparando o prato que serviria mais tarde. Pude acompanhar a finalização e provar foi o ápice da degustação.

Preciso dar um jeito de conhecê-lo melhor. O jantar na Casa do Carbonara, conhecida de poucos privilegiados, tem esse propósito de conexão entre chefs e fãs. Inspira quem preza, respeita e admira a transformação de ingredientes.

No restaurante do chef, localizado no oitavo andar de um prédio no centro de Copenhague, são várias as opções oferecidas para degustar, um único menu servido no almoço ou no jantar, com duração mínima de três horas. Você pode escolher entre o salão principal, uma mesa na cozinha para celebrações especiais, ou ainda a única mesa próxima à lareira, para quatro pessoas, com vista da cidade e do parque em frente. Outro diferencial é a possibilidade de optar entre algumas diferentes harmonizações com a refeição: três versões de vinhos, entre clássicos ou de origem; uma não alcoólica, com frutas e vegetais; e outra com vinhos raros e únicos.

BRASIL

Temos muita história e, *mea culpa*, meus textos na coluna "Sabores do Mundo", do *Bom Gourmet*, criada para contar o que acontecia pelo mundo e inspiração inicial para este livro, excluíam o Brasil, por isso nenhum restaurante local figura aqui. Um pouco desprezada, por sorte temos muitos nomes que tentam há anos mudar esse resumo incompleto da gastronomia que nos define. O chef Alex Atala e o sociólogo Carlos Dória estão entre eles. Mas é preciso lembrar que profissionais desempenharam e desempenham papel fundamental na gastronomia brasileira contemporânea – são muitos os jornalistas que estudam nossas origens, contam o que acontece no país e impulsionam o setor com formação, realização de eventos, produção de programas, revistas, cadernos especiais e prêmios. Instituições como a Empresa Brasileira de Pesquisa Agropecuária (Embrapa) e muitas universidades e centros de pesquisa do país também têm um papel muito importante nisso. Sem falar nos franceses que aportaram no Brasil, há muitos anos, como Claude Troigros, começando aqui uma pequena revolução.

Até a década de 1990, o mais comum eram as cozinhas regionais, de tradição popular. Os chefs brasileiros estavam começando a despontar. Também estavam estabelecidos os restaurantes típicos que servem feijoada ou moqueca, por exemplo, churrascarias, com certeza, e aqueles que adotavam uma cozinha denominada internacional. Com o surgimento do hábito de jantar fora mais fortemente e a maior presença de imigrantes, apareceram os restaurantes italianos e portugueses, com mais predominância, mas também franceses, árabes, chineses e japoneses.

Sobre o Brasil não escreverei muito. Teria que invocar Pero Vaz de Caminha quando encontrou indígenas em Porto Seguro; com certeza, o antropólogo, sociólogo e historiador Luís Câmara Cascudo, com sua *História da alimentação no Brasil* – "cardápio indígena, dieta africana e a ementa portuguesa"; e falar de Josué de Castro para entender como comemos e o problema da fome mesmo em um país tão fértil. No mínimo.

Existe uma dificuldade em se definir a culinária brasileira. O país é grande e diverso, temos seis biomas e recebemos muitas influências, além de a indígena ser desprezada e termos passado por um "choque de culturas". Aparece a cozinha de origem africana na Bahia até o churrasco do Sul. É preciso avançar com as definições e os estudos. Alguns produtos tentam nos salvar. Roberta Malta Saldanha lançou *Culinária brasileira, muito prazer* com esse intuito. Listou tradições, ingredientes e receitas de todas as regiões brasileiras. "Uma verdadeira geografia da alimentação no Brasil", como definiu a presidente do Instituto Câmara Cascudo, Daliana Cascudo Roberti Leite. Na segunda edição, os povos originários são contemplados na obra, que é resultado de extensa pesquisa. Apenas seis de um universo de mais de trezentas etnias. É um começo.

Consenso são as diferentes culturas que influenciaram a formação da gastronomia no país. Miscigenação, costumes e preconceito racial permeiam a história da cozinha brasileira. A importância dos povos guarani é desprezada ao lado das várias culturas africanas. A organização social brasileira influenciou a formação e a disseminação da tradição alimentar, como nos ensina Dória em seu livro *Remates culinários: ensaios marginais à história da culinária brasileira*, leitura obrigatória para estudiosos e profissionais da área da gastronomia. O sociólogo nos provoca e faz pensar a cozinha de outra maneira. Com ele, aprendemos que, ao longo dos séculos de colonização, a diversidade dos hábitos alimentares de centenas de povos indígenas foi empobrecida, dificultando a expressão culinária local. Ficamos conhecidos por ingredientes exóticos e alguns pratos marcantes, como o barreado, e perdidos quanto à nossa identidade. Acabamos em um abismo com "menos farofa e muito filé mignon".

PERU

Acho que foi uma certa dose de inconformismo que me levou correndo até o Peru. Como eles faziam uma revolução armados de garfo e faca? Uma das estratégias foi espalhar trinta e oito restaurantes de comida peruana por doze países – esse número já deve ter mudado –, tudo orquestrado para brilharem mundo afora fazendo seu principal prato, o ceviche, tão famoso quanto o sushi. Com essa receita simples – pescado, limão, cebola, sal, pimenta e coentro –, porém rica em sabor e frescor, o ceviche rompeu as fronteiras do Peru. A cozinha do país nasceu com os incas, ganhou a influência dos colonos espanhóis e foi para o mundo conduzida por Gastón Acurio, o chef "imperador". Outros cozinheiros que haviam buscado formação no exterior, como Virgilio Martínez, Pía León, Mitsuharu Tsumura, Rafael Osterling, Héctor Solís, Renzo Garibaldi, entre outros, voltavam ao país e entendiam que aquele era o caminho que tinham de seguir.

Os cozinheiros difundiram a cultura gastronômica do país e apostaram na reconstrução da autoestima, usaram a cozinha como arma social, formaram jovens, que antes almejavam somente os campos de futebol, atraíram patrocinadores e apoio do governo, criaram uma feira, a Mistura, que ajudou, entre outras coisas, a projetar o país. Virou destino gastronômico rapidinho. Olhos atentos se viravam para lá.

Além da receita tão certeira dos restaurantes pelo mundo, antes, Gastón Acurio e outros chefs apostaram na fórmula: qualidade da comida, olhar para o território, seus produtos e produtores e contar isso por um grande megafone. A estratégia deu certo.

OSSO
Lima

Tinha ouvido falar do trabalho de Renzo Garibaldi por meio de uma reportagem sobre a formação e a paixão por carnes. Quando eu disse para Luciana Bianchi, jornalista especializada em gastronomia, que gostaria de conhecê-lo, ela tratou de convencê-lo a nos receber. Estávamos em Lima para participar do congresso e da feira Mistura. Quando ele soube, correu para comprar taças de vinho e pratos. Só tinha servido carnes em seu açougue uma só vez – na única mesa nos fundos. O cardápio improvisado daquele dia, escrito em um papel qualquer por Renzo, foi emoldurado e pendurado na minha cozinha como lembrança do jantar.

Hoje, Garibaldi tem outras casas no Peru. Ele começou a carreira no comando de uma das cevicherias do famoso chef Gastón Acurio nos Estados Unidos e largou para ser um *carnicero*, tornando-se um dos melhores açougueiros de seu país. Antes de voltar para Lima, transformou sua casa em um açougue temporário. Resolveu estudar anatomia e trabalhar com os mais renomados profissionais do mundo. Quando retornou, montou a loja de carnes e, depois daquela noite, passou a abri-la para jantares três dias por semana. Servia, apenas com reserva, seis pessoas. Ficou famoso. Hoje, Renzo empresta o nome e dá consultoria para dois restaurantes em São Paulo. Gosta de carne? Então, coloque a Carniceria Osso na lista de sua viagem a Lima. Estando lá, a visita é obrigatória. Renzo Garibaldi realmente entende do cortado.

CENTRAL
Lima

Ele usa técnicas modernas, talvez modernas demais para paladares mais conservadores. Tem outros empreendimentos no país e no exterior, além de apresentar uma cozinha impecável no Central. Desconfio que a paixão do casal – Virgilio Martínez é casado com a chef Pía León, que tem uma vasta experiência no Japão e na Espanha – são a devoção à *pachamama*, Mãe Terra em quechua, e a incansável pesquisa por novos ingredientes e sabores da Floresta Amazônica. Isso faz do restaurante um oásis para *foodies* e aficionados em geral.

O lugar é acolhedor – a cozinha aberta para o salão, a biblioteca, a decoração criada pela mãe dele e uma horta orgânica instalada ali comprovam. Seus pães artesanais estão entre os melhores que eu já provei. A influência oriental aparece nos pratos e também no estilo de vida. A refeição ali é especial. O casal é talentoso, o trabalho que apresentam em seus restaurantes é único, porém, entenda, são audaciosos. Não espere pratos clássicos. E, para saber mais sobre o trabalho deles, é preciso conhecer o Mater Iniciativa, centro de pesquisas dos Andes, e o Mil Centro, centro de trabalhos com a comunidade, que têm Malena, irmã de Virgílio, na direção. Ainda, os restaurantes Kjolle, tocado por Pía, e Mil, coordenado pela equipe, localizado em Cusco. O Mil oferece, além de uma experiência gastronômica, a possibilidade de conhecer o centro arqueológico de Moray, os campos de cultivo, uma rota de botânicos, o universo das bebidas destiladas e fermentadas e outros projetos, proporcionando uma "viagem atemporal", como prometem.

Virgílio diz que começaram uma nova fase da gastronomia no país há mais de vinte anos, "um tempo de redescobrimento, no qual a comida tem um papel muito importante para o nosso desenvolvimento e uma cumplicidade com a população". Para o chef, o ceviche é mais do que um prato – é um conceito, faz parte da história do país. "Um sentimento de identidade e propriedade, que ajudou a divulgar o Peru para o mundo". Eles têm conquistado fãs mundo afora, eu entre eles, e ajudado a divulgar a cultura peruana. Minha sugestão é entregar-se sem medo.

CHEZ WONG
Lima

Sacolejando dentro do táxi pelas ruas de Lima, longe do centro, pensei que não acharia o restaurante. Muitas voltas depois, sobrevivo ao trânsito caótico e entro em uma rua residencial. Vi uma garagem – pela numeração, era o local procurado. Sim, o Chez Wong funciona numa garagem, sem placa indicando, nem cardápio. E não dava para ir a Lima sem comer no restaurante do Javier Wong – o guru do ceviche. Ele é uma lenda, começou a cozinhar cedo por necessidade e serve o que mais nos interessa: uma comida deliciosa.

O lugar é pequeno, sem excessos, tem poucas mesas e apenas algumas capas de revista e fotos do espaço nas paredes. Se ele viaja, o restaurante não abre; está sempre ali de boné na cozinha improvisada trabalhando em silêncio. Às vezes, para e atende um cliente que quer uma foto. Tudo é feito na frente de todos. Não tem nada a esconder: seu segredo é a qualidade dos pescados servidos. É rápido e preciso quando destrincha um, maneja as facas como ninguém.

No cardápio de cozinha chinesa-peruana, estão apenas dois pratos: um frio – ceviche, é claro, preparado da forma mais simples possível, com sal, limão, cebola e pimenta – e um quente – peixe e verduras frescas na panela wok com um molho que Wong inventa na hora. Com um discreto sorriso nos lábios, ele brinca com o fogo que sobe alto na frigideira. Não se assuste; está sob controle. O peixe é sempre linguado, fresquíssimo. Para o ceviche, o pescado fica na marinada com limão por apenas cinco minutos. A receita vem dos pescadores que usavam o limão para conservar o peixe. O chef escreveu num capítulo do livro *Cebiches del Perú*, de Walter Wust, que o preparo da comida é um exercício de simplicidade, precisão, velocidade e frescor. Não se deve "enforcar" o peixe, sempre de carne magra e branca, no limão, sem que seu suco transborde no prato; nem "torturar" a cebola, removendo sua casca embaixo d'água; e é preciso usar com parcimônia o alho. Outra recomendação dele é acompanhar o prato com uma cerveja doce e suave. É como se algo mágico acontecesse. O nome da cerveja que ele serve? Tres Cruces. Benza-se. O chef tem razão, é a melhor companhia.

Já perdeu a conta de quantos pratos já preparou – uma vez, durante uma feira, serviu seis mil porções. Incansável na sua arte, come ceviche todos os dias. Desconfio que o leite de tigre – o caldo esbranquiçado do prato – tenha a ver com a disposição de Wong. Dizem que é um infalível energético. Reserve; ele precisa saber quem vai ao seu restaurante para fazer as compras do dia. E reserve com antecedência, a fila costuma ser longa. Falam que é o melhor ceviche do mundo. Acredito. Javier é um mestre, considerado um embaixador. E pensar que estávamos numa garagem de uma casa simples em um bairro da periferia de uma grande cidade...

MAIDO
Lima

Inspirada em Virginia Woolf, estou tentando a sorte de achar palavras para narrar uma experiência que foi só minha, há alguns anos. Perdi o texto que escrevi na época. Lembro-me de sair do hotel e andar a pé e sozinha pelo bairro de Miraflores, depois de me certificar de não correr nenhum risco. Ia jantar. Cheguei na casa de dois andares numa esquina de Lima, estava toda acesa, cheia de gente a desfrutar da comida do Maido. Alguns detalhes me fogem; contar depende da minha cabeça, que pensa muitas coisas agora. Tenho medo de exagerar no molho e desandar. Enfim, se voltei foi porque gostei.

Três vezes eleito o número um no *ranking Latin America's Best Restaurants*, Maido, ou "bem-vindo" em japonês, é do chef

Mitsuharu Tsumura, o Micha. E é acolhida que você se sente ao entrar no restaurante. O simpático chef é filho de japoneses e as influências do país estão em toda parte. Numa das vezes, escolhi o balcão para provar os clássicos da culinária japonesa, meu lugar preferido para acompanhar de perto o movimento das mãos hábeis cortando os peixes e moldando os *nigiris* ou os *onigiris*, o bolinho de arroz.

Na outra, provei a cozinha peruana e japonesa do jovem chef com o menu degustação. Sentei no salão. Logo percebi estar sendo vigiada. Um homem na mesa ao lado me olhava sem pudor. Fiquei pensando no que diria no caso de uma investida inapropriada. De repente, ele se levantou e veio em minha direção. Abriu um sorriso, pediu desculpas por importunar e disse estar curioso em ver uma mulher a jantar sozinha. "Você é jornalista e jurada, com certeza", disparou. Respirei aliviada. Era apenas um curioso. Desconversei com educação.

Misha estudou gastronomia nos Estados Unidos e depois foi trabalhar no Japão. Começou na cozinha de um *izakaya*, tipo de bar que serve comida mais simples, no estilo das *tapas* da Espanha. A proposta que ele apresenta no Maido é um passeio pelo mar, montanha e floresta, todos juntos, que pode incluir até o *cuy*, o preá andino, parente do porquinho-da-índia. Aperte os cintos e boa viagem – será tranquila e prazerosa.

RIBEYRO CASA SUTIL
Lima

No mesmo pacote dos textos perdidos, estavam as linhas sobre o Malabar, o restaurante do chef Pedro Miguel Schiaffino do qual guardo as melhores lembranças. Escolhido como chef "ícone" de 2019 pelo *ranking 50 Best*, Schiaffino é reconhecido pelo trabalho com ingredientes amazônicos. Começo a vasculhar na internet para descobrir se o restaurante está aberto.

O endereço do Instagram está desativado. Não encontro o *site*. Pressinto que fechou.

Descubro um endereço que mostra a participação do chef em um projeto de pesca artesanal, infelizmente, finalizado, assim como o serviço de *catering*. Mas ele continua com a loja de produtos especiais, o Mercattino, e abriu um novo restaurante, na verdade, um bar, leio. "*Un tributo al placer. Al eterno aprendiz y a su alcoba. Al refugio de la imaginación – en donde todavia – sobreviven la felicidad y los fantasmas. Una noche del 2022*", cravou depois da abertura do lugar, em dezembro. Gostei. "Com pausa e sem reservas", vejo e me interesso em saber mais. A poesia me provoca.

Arrisquei uma mensagem *direct* para ele. Veio a confirmação: sim, o Malabar fechou, agora está à frente do Ribeyro Casa Sutil. Era tarde quando li, fui dormir um pouco decepcionada, sem responder ao chef. Não sei quanto tempo depois, entro na sua nova casa, provo uma sequência de pequenos pratos e gosto muito. Estou com uma amiga, converso com o chef sobre a vida e as dificuldades que enfrentamos ao vivê-la. Continuo lá, bebo, dou risada, me divirto. É preciso se reinventar; entendo Schiaffino. Desejo boa-sorte ao chef. Acordo. A vida me dá movimento até em sonho.

ASTRID Y GASTÓN
Lima

Gastón Acurio é um ídolo para o povo peruano – transformou a economia do país com a gastronomia. Mostrou como a construção de escolas podia formar jovens que passavam a valorizar os ingredientes locais. No Peru, foi responsável por mudanças que colocaram o país em evidência em esfera mundial. O chef não dispensa uma oportunidade para lembrar que a tradição precisa ser difundida para que se possa explorar novos caminhos e evoluir. Ele e a chef de *pâtisserie*, a alemã Astrid Gutsche, se conheceram quando estudavam gastronomia na França e se formaram na escola Cordon Bleu. De volta ao Peru, não demoraram para enxergar que um restaurante francês estava longe da realidade local, de um país pobre, que não valorizava seus produtos e produtores. A dupla iniciou uma revolução. Vi de perto. A feira Mistura, criada com o apoio do governo, mostrou o caminho para outros países fazerem o mesmo.

    O Astrid y Gastón foi aberto em 1994. Confesso, gostava mais das antigas instalações. Mas é só um pouco de nostalgia. O novo local, a Casa Moreyra, é um monumento histórico, um belo palácio. A transferência do restaurante aconteceu em 2014. O casal tem outras casas na cidade, a mais emblemática e que oferece menu degustação é o Astrid y Gáston. Por isso, e pela história do casal, vale conhecer. O chef sabe que o cozinheiro precisa surpreender quem vai ao seu restaurante com uma cozinha única. Sei disso.

LA MAR
Lima

Cebiche ou *ceviche*? Não importa, ambas as formas são corretas, desde que o peixe seja fresco. O primeiro, com B, é a adaptação do nome para o nosso português, e parece que já não estranhamos mais o prato peruano, bem mais apimentado e ácido do que estamos acostumados no Brasil. Em Lima, o ceviche tradicional é servido com um tipo de milho graúdo e uma batata de cor laranja, ingredientes bem diferentes dos nossos.

    Na avenida La Mar, a rua das cevicherias é a La Mar a mais recomendada. Criada por Gastón Acurio, tem filiais espalhadas pelo mundo, até em Doha. Em Lima, preste atenção também em duas outras: a Pescados Capitales e a El Mercato, se estiver com tempo ou se a La Mar estiver lotada. Chegando em Lima, é consenso que deve ser a primeira parada. O chef conseguiu deixar o prato de peixe marinado no limão, servido com cebola, coentro e pimenta tão conhecido quanto o sushi. Difícil não gostar, é para voltar sempre.

LA PICANTERÍA
Lima

Há dez anos em Surquillo, La Picantería é como uma casa de bairro que recebe os amigos – tem aquelas mesas grandes para compartilhar, mas tem as pequenas também. É como se você conseguisse entrar no túnel do tempo. Um restaurante típico peruano, bem simples, que revive tradições com informalidade. Tudo vira um evento culinário orquestrado pelo chef Héctor Solís Cruz. Pratos para dividir, aperitivar e se divertir, *"pa'que piques y te rias"*, todo mundo gosta disso. Prepare-se para provar o arroz de *chaufa*, um tipo de mexido de arroz; *chicha morada*, o milho roxo; *causas*, o que conhecemos como escondidinho, batata recheada com uma proteína; *chupe*, uma sopa típica; e também os conhecidos ceviches, caranguejos, tortilhas, lagostas, peixes, tudo fresco, tudo bom. É mesmo como uma casa de amigos.

ARGENTINA

É só ler o nome do país e um bife de *chorizo*, o miolo do contrafilé, pula na nossa frente, além de outros cortes nobres de carne. As extensas áreas de terras conhecidas por pampas favorecem a criação de gado. E eles são bons nisso mesmo. Depois, pensamos em vinho, em uva Malbec, em Mendoza. E em *empanadas*. Em seguida, vem o *chimichurri*, o molho de ervas e alho; a torta de batata, ovo e cebola; a *parrillada*, o churrasco preparado com lenha e vários cortes assados na *parrilla*, que inclui miúdos, como *morcilla*, o nosso chouriço feito com sangue; o *choripán*, o sanduíche com linguiça Toscana, salada e molho; o *locro*, um tipo de sopa de origem crioula; as *tortillas rellenas*, uma massa fina recheada com queijo e assada na churrasqueira. E quase me esqueço de falar do *dulce de leche* – são grandes exportadores do doce, assim como o vizinho Uruguai; do festejado alfajor, dois pequenos discos de massa doce recheado; e do folhado em formato de meia-lua, as *medialunas*, como o clássico *croissant* francês.

São associações fáceis quando falamos da gastronomia da Argentina. Fica certo que além da origem andina e guarani, os espanhóis deixaram suas influências na terra. A cozinha italiana também é forte no país: a fama da pizza em Buenos Aires ser melhor do que a de Roma corre o mundo. São vorazes consumidores, e não preciso dizer que orgulho eles têm de sobra. Todo mundo sabe.

PARRILLA DON JULIO
Buenos Aires

Fiquei pensando em como apresentar o Don Julio, a churrascaria, como dizemos cá, ou a *parrilla*, como dizem lá na Argentina. Para descrevê-lo com minúcias, teria eu agido de outra maneira. Só agora sei que devia ter escrito na hora que comia. Ou, pelo menos, logo depois que a refeição terminou. Devia ter ido correndo para o quarto do hotel, me esparramado na cama e feito as anotações saírem da cabeça para a tela. Nunca consigo. Alguma coisa desviava meu rumo. Podia ser só preguiça ou podia ser porque acho que precisava digerir o que comi e pensar. Por enquanto, é a imagem das carnes suculentas, servidas ao ponto preciso e de sabor único, e dos legumes da estação que balançam na minha frente. Lá, aprendi a comer *molejas*, ou timo, a glândula. E nem falei dos vinhos, que fazem eu querer parar tudo e pelo menos abrir uma garrafa, pois não consigo voltar ao restaurante agora.

Don Julio é quase unanimidade, que não existe, eu sei. É o mais famoso, com certeza, fama que passa longe da fronteira da Argentina. A classificação como o melhor restaurante da América Latina, pelo prêmio *50 Best*, reconheceu o trabalho do *sommelier* Pablo Rivero. Ele é o culpado de ter uma carta de vinhos incrível e de manter a fila naquela esquina onde o Don Julio está há mais de vinte anos. É um restaurante familiar – Pablo morava em cima da churrascaria criada por seus pais e avó. Coisa mais linda é a festa do tomate, produzido com sementes ancestrais – é a "estrela do verão", eles dizem. Quero ir, até porque preciso terminar a entrevista com ele, que comecei em uma tarde antes de um jantar em São Paulo. Neto de açougueiro, filho de fazendeiro, dono de uma churrascaria, Rivero quer "recuperar a ordem natural das coisas". Acredita ser a carne o alimento mais importante da história da humanidade – o problema para ele é como o homem tem produzido e tratado os animais. "É preciso regenerar", proclama. Tem certeza de que o trabalho dele e dos produtores com quem se relaciona é importante para o povo e para a gastronomia. Eu também tenho.

Volto ao meu dilema da apresentação da casa. Decido. Senhoras e senhores, aqui está um restaurante respeitável. Com vocês, Don Julio. Conheçam.

EL PREFERIDO DE PALERMO
Buenos Aires

Don Julio está lotado? Sempre está. Ande mais uma quadra e vá até a outra esquina. Tente o El Preferido de Palermo. Se também não conseguir, lembre-se de reservar antes da próxima viagem. Ali tudo é bom, o ambiente é bonito e a comida é farta – trata-se de um clássico contemporâneo. Para depois, o escritor Jorge Luis Borges viveu ali pertinho toda a sua infância, vale também um passeio pelas redondezas. Pablo Rivero e o chef Guido Tassi são os responsáveis pelo sucesso da casa. Ainda não está convencido? Vá pela charcutaria servida em pequenas porções, encerre com vermute. Será difícil não gostar.

EL FERVOR, SUCRE, SAN JUANINO, CASA CAVIA
Buenos Aires

El Fervor é aquele endereço clássico que sempre é bom ter na manga, como dizem. Começo pela sobremesa. É um sucesso a tentadora panqueca de doce de leite. A tábua de mariscos me foi recomendada, ainda não provei. Fiquei curiosa. O forte da casa são as carnes e os miúdos. Verdade.

Você está na famosa Recoleta, então aproveite o passeio. Ao lado, tem a melhor empanada no San Juanino. Ali perto está o hotel Hyatt, instalado em um palácio, que merece uma visita, pelo menos para uma taça de champanhe ou uma xícara de chá no Jardim Duhau, que parece ser a antessala do paraíso. Nas redondezas, também está o chiquérrimo hotel Alvear, com o tradicional restaurante La Bourgogne. Vejo como a nossa memória prega peças. Dá até medo. A lembrança que eu tinha dele era de sinos tocando, fogos espocando, uma epifania. Passados alguns anos, volto e não encontro nada disso. Ou eu mudei, ou o restaurante.

Em Palermo, está a Casa Cavia, que atende ao meu roteiro preferido: reúne uma pequena livraria, bar e restaurante, em um ambiente que transpira bom-gosto. Olhe o *site*, veja a equipe e vai entender. Tem ainda uma floricultura. A comida preparada para um grupo de chefs foi especial, espero que repita para clientes desconhecidos. Em todo caso, vale começar com um aperitivo no bar entre as plantas do jardim. Certeza de que vai gostar. A recomendação serve para o Sucre, lugar de gente bonita e bons drinks. E, por último, quem sabe o bairro de Montserrat, ao invés do conhecido Puerto Madero. E Buenos Aires é tão pertinho, penso nisso quando demoro para visitar a capital.

CHILE

Em Curitiba, Celso Freire e, depois, Manu Buffara deram novas cores à mesa paranaense divulgando a cidade. No Chile, foi Rodolfo Guzman. Então, corri até Santiago para conhecer o inventivo chef. Vi saírem do laboratório, que criou para suas pesquisas, ingredientes raros oferecidos para uma viagem pelo desconhecido território chileno. Guzman foi buscar a identidade dos povos originários e dos pequenos produtores para transformá-los em uma cozinha com produtos únicos. Os expoentes que abraçam o conceito autoral e a alta-gastronomia também influenciaram o chef.

A gastronomia do Chile é inspiradora. Exemplos não faltam. Os nativos mapuche são influência para a cozinha local, com feijão, batata, abóbora e *chicha*, a cidra de frutas. O pastel de *choclo*, a torta de milho, tem um apelo emocional ao povo. O cereal, *zea mays*, tem sabor diferente do nosso e é também um orgulho. O *loco*, molusco conhecido por *abalone* ou *pata de burro*, pela dureza da sua "casca", é nativo da costa do Chile e do Peru e considerado outro símbolo local. O naturalista Juan Ignacio Molina deu o nome científico ao marisco *Concholepas concholepas* e encontramos como prepará-lo no *New Kitchen Manual* de 1882, mas está na cozinha chilena há muito mais tempo. Orgulho nacional, chegou até a inspirar o filme *La fiebre del loco*, tratando da pesca e brigas. Além dos peixes e mariscos, é famoso o caranguejo gigante do sul da Patagônia – todos eles são servidos fartamente nos restaurantes e no Mercado Central de Santiago. É comum ver turistas em fuga dos garçons que tentam atraí-los. E são famosas as frutas tropicais vindas de vales férteis em pleno deserto e outras duas marcas do país: azeites e vinhos, dois produtos pelos quais já valeria a viagem.

BORAGÓ
Santiago

Vi o sol partir e me arrumei bonita pensando que teria um jantar diferente. Gosto desse ritual. Queria conhecer o trabalho do chef. Tinha escutado elogios sobre o lugar. Fui devagar porque gostaria de esticar as horas, sei que teimam em correr. Fui em silêncio porque sozinha. Me perdi um pouco até encontrar o restaurante. Táxis são um problema em Santiago, é preciso cuidado. Seria a primeira vez no Boragó, de Rodolfo Guzman, na minha lista fazia tempo. Chegando lá, fiquei a observar a cozinha aberta. Tudo era diferente. Falam que ele entende a gastronomia como um motor da cultura, é verdade. Por isso, saiu pelo país a pesquisar ingredientes raros e formar uma rede de fornecedores, a começar pelos pescadores e produtores até de vinhos. O restaurante não tem nem uma carta da bebida, como é comum – tudo depende do que se encontra. Chega ao limite de servir água da chuva da Patagônia, porque é pura, e a equipe faz até a ordenha de vacas para ter o leite fresco usado na produção das sobremesas. Conheci o laboratório criado para aprofundar as pesquisas do grupo de cozinheiros liderados por Guzman, que na época dessa visita já tinha planos de ampliação. O restaurante não é para paladares tradicionais. Na segunda visita, ele não estava; uma pena. Sei que o chef continua a chamar atenção, a ser elogiado e a frequentar as listas de premiações. É inacreditável o que faz. Merece respeito. E aplausos.

MÉXICO

Fui sozinha e com medo. A Cidade do México chega a assustar. Voltei encantada. A última parada foi na casa de Frida Kahlo. Saí carregada de cores, com os sabores do país grudados em mim e muita história. A cozinha mexicana ganhou o mundo e quem iniciou essa transformação foi o chef Enrique Olvera. Fez alta-gastronomia, mas não só. Formado em Nova York, primeiro resolveu que um evento que fosse inovador ia colocar luz sobre o país. Criou o Mesa América. Ele via a revolução que a reflexão, o debate e a troca de conhecimento entre chefs provocava. Queria o mesmo.

Guacamole, margaritas, tamales, quesadillas, chicharrónes, churros, tacos e tequila conhecíamos, mas a imagem da comida mexicana era para a maioria exótica, picante ou gordurosa. Nada disso. Eles foram além. O país tem uma culinária refinada. Lá, deve-se cuidar apenas com os efeitos da altitude e com as doses de *mescal*. Olvera levou os principais chefs para o México – saíram impressionados e também espalharam restaurantes pelo mundo. Em Barcelona, foram os irmãos Adrià; em San Sebastián, Andoni Aduriz; René Redzepi mudou por um tempo o seu famoso Noma de Copenhague para Tulum; o próprio Olvera tratou de abrir outras casas no exterior, além de levar o principal *ranking* da categoria – *The World's 50 Best Restaurants* – em duas edições da premiação para seu país natal. Arrastou mais chefs e jornalistas para lá. Pronto. E ele nos ensinava como fazer para divulgar a cultura gastronômica de um lugar. Também escreveu livros. Personalidades como Anthony Bourdain ajudaram a espalhar seu amor aos cozinheiros e às suas comidas, e outros chefs locais, como Jorge Vallejo, fermentaram a gastronomia mexicana.

GUZINA OAXACA
Cidade do México

Se você só conhece a mais famosa aguardente do país, a tequila, corra conhecer o *mescal* – a coqueluche é muito melhor, porque é fabricada de maneira artesanal e tradicional. Me escoro no ditado popular sobre a bebida: "Serve pra tudo de ruim e pra tudo de bom também", indicado para indigestão e constipações. Vai ver por isso me saí muito bem da efervescente, em todos os sentidos, Cidade do México. Imagino que qualquer coisa com a bebida do suco fermentado do agave, uma planta suculenta com propriedades medicinais, fique boa. "Mas há que se tomar cuidado". Será que é minha a observação? Paciência, estava nas anotações.

Tinha isso e nada mais, porém não esqueci o que provei no Guzina Oaxaca – ficou como saudade grudada no coração. Mesmo não indo até o estado mexicano, trouxe uma parte de lá comigo. É uma lenda deles e é verdadeira. Antes, preciso contar que entrei no restaurante temendo o encontro com as larvas e com o fantasma de Montezuma na cabeça, uma maldição que assombra muitos turistas que já passaram poucas e boas no país. Seria uma vingança do imperador aos intrusos invasores. Parece que o mal acomete estrangeiros que chegam ali com sede. É folclore – convidada para um menu harmonizado com mescal, eu asseguro. O mal-estar que muitos dizem sentir pode estar relacionado à altitude da cidade, com seus 2.240 metros, que provoca sim enjoos e tonturas em alguns.

Esqueça a história do fantasma. No meu almoço teve de tudo: coquetéis, aperitivos, pratos típicos, *empanadas*, *moles* – o molho típico mexicano, que tem dezenas de ingredientes, como pimenta e chocolate – e os temidos vermes, tão comuns por lá. Não é que são bons? Se não soubéssemos o que era, comeríamos tranquilamente.

O ambiente do restaurante, que está instalado no pomposo bairro de Polanco e na principal avenida dele, convida a se entregar às comidas de um dos lugares mais pobres do país e mostra trabalhos de artistas de lá. Mais de 90% dos ingredientes chegam duas vezes por semana para as mãos habilidosas do chef Alejandro Ruiz, que transforma o lugar em uma verdadeira "embaixada gastronômica". Para não assustar ninguém, prepararam um cardápio com opções bem palatáveis, como costeletas de cordeiro, mas também algumas arrepiantes para a maioria dos mortais, com direito àquelas minhoquinhas estranhas no recheio de *tortillas* e tacos. Torrados, os bichos são meio docinhos, têm gosto de ervas, às vezes. Foi mais fácil traçar os pequenos com perninhas e protuberâncias onduladas quando escondidas. Deixei de lado o raio do preconceito. Fiquei pensando nas proteínas, tentando me convencer. Aqueles que foram no menu tradicional se arrependeram; eu mesma, não vou mentir, declinei alguns pratos, só provando uma ou outra garfadinha. Larva de mariposa (*gusano de maguey*), fungo de milho (*huitlacoche*), ovas de formiga (*escamoles*), tudo o que eu consegui comer. Segui com muito *mescal*, rezando e enfrentando toda criatividade e diversidade com galhardia. Estando lá, não se acovarde.

PUJOL
Cidade do México

Uma das minhas escolhas na Cidade do México, de muitas opções, é o Pujol. Aberto em 2000, não por acaso já esteve na primeira colocação na lista da América Latina do *50 Best*. A casa de Enrique Olvera é despretensiosa e apresenta uma cozinha regional com muito sabor. O chef abriu caminhos no país e comandou a transformação da gastronomia mexicana – já foi premiado pelo conjunto da obra. Levou sua comida para Nova York, estreou, com sucesso, o Cosme, tendo Gustavo Garnica como responsável, depois veio Damian, em Los Angeles, todos no guarda-chuva chamado de Casamata, que tem ainda outros projetos.

    No Pujol, espere por pratos populares da cultura local e ingredientes tradicionais com novas e inventivas interpretações em apresentação impecável e em um ambiente simples e refinado. Os exóticos e apimentados *snacks*, que incluem as deliciosas, acredite, ovas de formigas e pequenas espigas de milho defumadas e tostadas, chegam à mesa todos de uma vez, acompanhados por tequilas e cervejas. Língua, polvo, peixe, batatas e, ah, as essenciais *tortillas* dão a sequência ao curto menu. Fundamental provar o *mole* – tradicional e complexo molho mexicano com várias pimentas, que cada casa tem um jeito diferente de preparar. Não conhecemos nada igual até chegar ao país, é geralmente servido em ocasiões especiais. Difícil reproduzir fora do México. Por tudo isso, marque a passagem e faça a reserva.

QUINTONIL
Cidade do México

Achei que não encontraria meu destino nunca. Chovia na capital do México; quem conhece a cidade sabe o que isso significa. Também foi difícil conseguir um lugar – o restaurante já alcançou fama, culpa do chef Jorge Vallejo. Chegando ao Quintonil, as dificuldades ficaram para trás e completamente esquecidas. Ambiente descontraído, ótima comida e serviço atencioso: fórmula certeira. Trabalha os ingredientes tradicionais com criatividade e competência. Alejandra Flores, esposa de Jorge, cuida do salão. Pronta para conhecer a moderna cozinha mexicana, sentei numa mesinha de canto – a decoração simples e uma leve penumbra me deixaram à vontade. Inaugurado em 2012, o restaurante logo atraiu a atenção de quem quer comer bem. O menu muda sempre e pode ter receitas clássicas entre outras nem tanto, todas executadas com rigor. Saladas e pescados fresquíssimos, sabores autênticos, muitas texturas, defumados e, inclusive, ingredientes indígenas surpreendentes. A chuva tinha diminuído um pouco quando saí. Uma pena – gostaria de prolongar o prazer da noite andando pela rua arborizada do bairro até o hotel. Sem chance, longe demais.

ESTADOS UNIDOS

***Hot dog*, hambúrguer, batata frita e *cheesecake*.**
Estados Unidos e *fast food* são sinônimos. A conclusão de que o país não é vanguarda na gastronomia não requer muito esforço – excluindo San Francisco, precursor da comida orgânica e do movimento *slow food*, e Nova York, onde o mundo se encontra e as fronteiras se cruzam. Come-se muito bem nas duas cidades. Aliás, um dos melhores sanduíches que já provei foi em um mercado de rua, em San Francisco, totalmente orgânico, certificado e artesanal; tinha o sabor potencializado. Só faltava a fotografia do boi para comprovar a origem – agradeci não estar na embalagem, não comeria se visse.

Apesar dessas considerações, não surfam tanto na onda quando comparado ao que acontece com a gastronomia em outros países, porém acompanham o movimento contemporâneo, principalmente em Nova York. Irmãos de origem no mesmo continente, a gastronomia ali é a soma de vários povos, inclusive indígenas. Cada região tem suas características específicas, como nós, só que acabaram sendo mais reconhecidos pela comida industrializada. Alice Waters, ícone da comida saudável no mundo, encabeçou a lista de chefs que tentaram reverter essa imagem e se esforçam para que as pessoas comam melhor. Julia Child foi para a televisão e deu o empurrão para o começo da carreira midiática dos chefs. Virou até filme: *Julia e Julie*, sucesso com Meryl Streep. Ao mesmo tempo, sem saber, repeti a história da blogueira Julie Power, que reproduzia diariamente as receitas dela. No meu blog, não com a mesma determinação, preparava as receitas do livro esgotado, *Uma chef, um palácio*, de Roberta Sudbrack, e escrevia. Hoje, muitos chefs espalhados pelo país trabalham para mudar o estigma da comida industrial e conseguem.

NOMAD
Nova York

Não fiquei hospedada no NoMad, mas gostaria. O clima dos bares, um deles meio secreto, e do restaurante, a decoração dos quartos e de todo o hotel, a frequência com gente bonita circulando pelos corredores e as bicicletas encostadas no *hall* de entrada para os hóspedes – tudo isso já valeria a indicação. Mas é a comida o que interessa, então, falo só de um prato: o frango caipira. A ave recebe por debaixo da pele, que vem tostada e crocante, uma camada de *foie gras*, com trufa quando é época, e se transforma em mais um motivo para querer estar ali naquele ambiente aconchegante. A carta de vinhos e o atendimento também merecem elogios. Se não cair em tentação na escolha da bebida, os preços vão às alturas em rótulos excepcionais; não é dos lugares mais caros na cidade e transpira charme. O restaurante de cozinha contemporânea era comandado também por Daniel Humm, o chef do Eleven, de quem sou fã. Atualizo o texto e, infelizmente, com a pandemia, o endereço de Nova York, onde tudo começou, fechou; parece que vai reabrir em outro local. Ficamos com o de Londres, "no coração de Covent Garden", comandado pelo chef Ashley Abodeely, que ainda não conheço. Idem para os endereços de Los Angeles e de Las Vegas. Visite o de Londres, nem que seja o bar, para me contar. Algumas horas no NoMad com amigas e podia pensar que o mundo era perfeito. Às vezes, é preciso de um pouco de ilusão para viver.

COI
San Francisco

A fama de Daniel Patterson sai das fronteiras da Califórnia. Mesmo tendo experimentado dois pratos preparados pelo chef no Brasil que colocaram sua reputação em dúvida, em San Francisco, não hesitei na escolha do COI. Principalmente, porque sabia que ele deixaria a casa para seguir com outros projetos não tão estressantes quanto estar à frente de um empreendimento premiado. Matthew Kirkley, considerado um jovem promissor e que já trabalhava com ele, o substituiu na época. Por sorte, com a pandemia, ele desistiu de abandonar o restaurante. Sim, Patterson é um chef talentoso e obcecado em atingir a perfeição, além de músico e escritor nas horas vagas, e pensava em ter mais tempo com a família.

COI significa *tranquilo* em francês arcaico – e é essa a atmosfera do lugar, que tinha muita classe e oferecia excelente comida, de um menu de onze cursos, que mudava diariamente. No dia que estava lá, fui sacudida por um biscoito de arroz marrom com creme de abacate, prenúncio de uma refeição única. Era apenas um dos cinco *snacks*, as pequenas entradinhas em voga. Enquanto terminava meu suspiro silencioso na última mordida nas cenouras bem cozidas, ao contrário das crocantes que estamos acostumados a comer, inebriada pelo forte cheiro de café e do sabor do suco de fruta, o casal da mesa ao lado me alertou: "muito bom, não é? Mas espere até experimentar o ovo *poached*, com ervas e flores". Eles tinham razão.

E assim foi o jantar, incluindo o cordeiro servido completamente malpassado e inesquecíveis pratos: a sopa de tomate, os legumes, os molhos e o camarão grelhado. Apenas o salmão destoou. Foram muitos aromas inesquecíveis – uma marca do chef. Não estranhe a vizinhança de clubes de *strip*, nem a cobrança antecipada quando se faz a reserva, que começa a ser comum em vários restaurantes. O COI merece nossa atenção. Temporariamente fechado, esperamos Daniel avisar a reabertura, como anunciavam no *site* do restaurante. Espero que seja em breve. Não se interrompe uma história de quinze anos assim.

MILOS
Nova York

Peixes, vegetais e produtos de excelente qualidade. "Das ilhas gregas até a sua mesa", divulgam. A casa lembra a Grécia, claro, em todos os cantos, e prima também pela simplicidade. A proposta do Milos é trazer o melhor do mundo para a mesa dos seus cinco restaurantes: Montreal, Nova York, Atenas, Las Vegas e Miami. É a verdade. Eles apresentam a culinária do Mediterrâneo, que tanto sabor nos presenteia. As vieiras, que vêm do Canadá, são espetaculares, assim como os pescados. Costas Spiliadis é o chef e proprietário que encontrou a fórmula simples e eficaz para suas casas virarem um sucesso. É comida de que todo mundo gosta. Bom preço também, mas cuidado; se oferecerem lagostas frescas, pergunte antes quanto custa – podem consumir o orçamento da viagem, soube por uma amiga. Os garçons são simpáticos e atenciosos, definitivamente, um endereço recomendado. Pena estar um pouco longe de casa.

ELEVEN MADISON PARK
Nova York

Não me intimidei com aquelas paredes e janelas enormes, o teto bem alto lá longe, todo o mármore em volta, a decoração *art déco*, o ar austero de todo o prédio. Entrei e passei entre as mesas até meu local da reserva. A primeira provocação era escolher uma das quatro opções de vegetais escritas dentro de um envelope lacrado, para acompanhar a refeição.

Quando o banquete começou, vi o chef brincar com a comida. Oferecia elementos que a princípio não deveriam estar ali, como um refrigerante feito na casa para ser bebido no gargalo – uma intervenção criativa, o meu era deliciosamente de aipo. Enquanto comia, não tinha terminado meu almoço ainda e queria repetir. O chef suíço Daniel Humm é daqueles profissionais talentosos que começam a carreira como um meteoro e espalham luz por onde passam. Foi assim que colocou o Eleven Madison Park no topo. Nas criações, além de ingredientes fresquíssimos, estava um pouco da história culinária de Manhattan e das *delicatéssens* nova-iorquinas. Espere por rigor nos preparos, bom-gosto e sabores autênticos. Espere por criatividade e serviço impecável.

Ao final da refeição de quase quatro horas, que nem percebi passarem, continuava querendo voltar. Já foi eleito o "melhor restaurante norte-americano e do mundo" pela The World's 50 Best Restaurants. No início da pandemia, Daniel serviu quentinhas para amenizar a fome de pessoas em situação de rua. Em 2021, com a certeza de que seria melhor para o planeta e desafiador para ele, reabriu o restaurante transformado totalmente em vegano, servindo apenas um menu *plant-based*, à base de plantas, estreitando ainda mais a relação com produtores. Agora, são parceiros de Maciek Kobielski, da Magic Farms, fornecedor exclusivo do Eleven. Continuam cozinhando e distribuindo comida a quem precisa com o Madison Truck.

Ainda não conheci a nova proposta, mas quero muito, até porque tenho dado preferência aos vegetais nas minhas escolhas. Nessa visita, encontrei um curitibano na cozinha; queria muito saber quem é e por onde anda.

LE BERNARDIN
Nova York

Um quadro gigante – de parede a parede – com a imagem clássica da água batendo na areia numa beira-mar oferece românticas boas-vindas às pessoas que mergulham nos sabores da equipe do chef francês Éric Ripert, da escola de Joël Robuchon, no Le Bernardin. Ostenta três estrelas Michelin, com toda a classe dos que alcançaram a honraria, e sobe e desce do *ranking* dos 50 melhores restaurantes do mundo, sem sobressaltos, além de estar muito bem em todos os outros guias.

Muita coisa mudou desde que os dois irmãos de uma família de hoteleiros na Bretanha, Gilbert e Maguy, resolveram abrir a casa, inicialmente em Paris, em 1972, e depois em Nova York, em 1986. Ele é falecido, Maguy administra o lugar sozinha, ao lado de uma competente equipe, porém a qualidade dos pescados continua igual, assim como a elegância. E quando o chef Ripert trouxe a monja budista Jeong Kwan, que se tornou sua mentora, para cozinhar no restaurante, minha admiração por ele aumentou. Kwan cozinha no templo Baekyangsa, nas montanhas perto de Seoul, quando vai às vezes dar aulas. Não posso morrer sem ir até o templo e conhecê-la. Com o sonho na gaveta, fico com quem esteve com ela; por enquanto, Nova York está mais perto.

ESTELA
Nova York

Parece uma vila do interior, com aquelas casinhas acolhedoras que convidam a entrar. É o lugar que o chef Ignacio Mattos, de quem todos falam, escolheu para abrir em 2013 seu restaurante. E estamos em Nova York. O Estela tem várias opções para você se sentir à vontade e passar bem; é despretensioso. Dá pra ficar no bar, para um encontro mais descontraído, numa mesa grandona com muitos amigos; escolher a sala privada para oito pessoas e ter um jantar especial, com menu exclusivo preparado pelo chef; ou em um cantinho perto da entrada olhando o movimento da rua um pouco de cima, onde fiquei. E para conhecer mais o trabalho de Mattos, é só visitar os outros restaurantes dele: o Altro Paradiso, o Lodi e o Corner Bar.

Já pensou em comer um tartar de atum, com um tomate daqueles gordos e saborosos, ou com amendoim e caviar? Quem sabe um lagostim com cogumelos e ervilhas frescas? Pode ser também o prato clássico da casa com endívias e mexilhão. Ostras com caldo de lima, ou enguia com folha de cerejeira. Lula com aipo ou peito de pato com folhas verdes frescas. Espetinho de porco no estilo japonês com purê, folhas e caule de aipo, ou arroz negro com tinta de lula. Flor de abobrinha com vieira ou porco com batata, amêijoa e algas marinhas. Quem sabe só frutos do mar frescos. Não comi tudo isso, mas não consigo deixar de pensar que podia ter pedido mais pratos, por isso fico tentada a ir até o Estela outras vezes.

Estava me esquecendo de dizer: tem menu vegetariano e *katsu sando*, o sanduíche japonês de porco, que vivo experimentando sempre que posso para ver se acho o melhor da vida, e o de lá é perfeito. Não esqueço a sobremesa, uma nuvem de creme mascarpone bem aerado que revelou o recheio perfeito do *tiramisù*, que derretia no céu da boca. Engoli devagar para prolongar o prazer. Entendi por que falam tanto do chef.

BLANCA
Nova York

A última e melhor refeição sempre está por vir até eu descansar um dia. Espero que demore, que eu esteja em paz e seja depois de uma taça de champanhe, um prato de sabor inesquecível e um chocolate com creme de avelãs. Penso em fazer uma lista; incluo o pudim abade de Priscos, do Pigmeu, em Lisboa; o sorvete de pistache e açafrão com pinoli, em San Gimignano; as castanhas portuguesas do Jean-Paul Hévin, em Paris. E, se depender dos desejos, que não se esgotam nunca, penso em frango assado com farofa, bobó de camarão, vatapá e moqueca, na minha casa. Ah, o sepultamento deve ser ecológico. Li sobre virarmos adubo – já é possível, gostei da ideia, desisto de ser cremada, pois o método polui. Enquanto isso, continuo a busca. E o Blanca tinha mistério junto com a promessa de uma boa refeição, escolha perfeita. Fui cedo com medo de não achar.

    O restaurante se esconde atrás de uma das melhores pizzarias de Nova York, no Brooklyn, a Roberta's. Quando perguntei onde era, me indicaram a entrada ao lado. Saí da pizzaria e olhei de novo para a fachada, vi bancos de madeira quase destruídos em frente e, ao lado, uma portinha escondida na parede que misturava grafite e adesivos. Abri e andei ressabiada olhando para os lados. Havia bicicletas estacionadas e mesas com clientes comendo pizza. Nos fundos do terreno, vi do lado esquerdo uma porta, devia ser ali; não tinha placa, ainda bem que a noite estava demorando a chegar.

    Puxei uma pesada cortina para o lado, dei um passo e caí dentro de uma cozinha enorme e bem-montada, um balcão com pesados bancos forrados de couro bege servia de moldura. Me instalei confortavelmente. Não me esqueço do lugar e de muitos pratos, entre eles o pão, perfumado e fumegante. Na metade do serviço do jantar, o cozinheiro, usando luvas grossas, chegou com vários numa cesta, partindo e dando aos discípulos, quer dizer, aos clientes, em nacos rasgados. A casca era crocante, o miolo macio, meio ácido, um pouco adocicado lembrando castanhas, na verdade, uma *pizza bread dough*. Dei uma mordida e um clarão no teto se abriu – bênçãos caíram. A manteiga caseira confirmou minhas suspeitas; não vivemos sem um pão com manteiga. Devo incluí-lo na última refeição, esqueci de colocar pão na lista. Como se não fosse suficiente, veio acompanhado do *seasonal vegetable brodo*, tonteei, o brodo de vegetais que acompanhou o pão tirou meus pés do chão. Tomaria muitos potes. Depois, serviram uma tigelinha com caviar, queijo cortado em lâminas finas, envolto em um suave molho de ervas. Caviar é caviar, uma iguaria, e sempre precisamos agradecer antes de comer, é uma dádiva. Pinoles faziam companhia ao queijo. Na sequência de aperitivos, um "copa" untuoso. *Beet pluot*, o *carpaccio*, veio em seguida. Textura e sabor como devem ser. A carne tinha gordura entremeada e um molho especial. *Corn aji dulce*, o milho manteiga explodia em doçura, tinha salsinha picadinha, acompanhada de saquê.

Não deixaria de aceitar a recomendação de harmonizar o jantar. Os vinhos eram de pequenos produtores e de vários países. A essa altura já sabia que o jantar valeria a pena. Ao final, o veredito comprovou. Na sequência, *maltake sea urchin – uni* de Hokkaido, o melhor que pode existir no mundo, com cogumelos e *yuzu*, o limão japonês. Depois, veio uma batata assada com uma colherada de maionese ao lado, que, por Deus, não sei o que tinha o tubérculo para ser tão saboroso. Salpicada de *bottarga* veio carimbada para agradar. E assim foi, com pequenos pratos, pequenos mesmo, e muita personalidade, se é que posso definir assim. Entraram as massas. *Agnolotti* escondido embaixo de uma purpurina de queijo – *goat milk* – foi a primeira. Não consegui definir essa maravilha. Escutei suspiros, um foi meu. O *pici*, aquela massa grossa italiana e caseira, tinha untuosidade na medida, era ousada até no nome, *sungold*. Juro que era dourada e brilhava. Outra que deixa saudades. Quando veio o ravióli, eu quase desmaiei. Era um só, como um *pierogi* gordo, no ponto. *Nduja ravioli orange* não precisava nem de acompanhamento mesmo, estava perfeito. Teve ainda lagosta grelhada, irrepreensível com uma farofa crocante por cima. *Dill white peach* mostrou a sutileza de controlar os sabores – um *sorbet* de dill e pedacinhos de pêssegos para limpar o paladar antes da carne de porco ao lado de poucas ervas frescas. Era *pork birch* – vi sendo tostado, estava há horas descansando no fogão, derretia-se. Ainda bem que tinha sobrado um pedacinho de pão. Tenho dificuldade em comer carne sem acompanhamento.

A primeira sobremesa, um morango doce e marinado, o *strawberry*, a única dispensável, também não atrapalhou. *Sunflower chamomile and raw milk blackberry* – flor de camomila e creme de ovos com *blackberry* – veio para mostrar o talento de quem fez o doce. Bombons de chocolate tinham a intenção de provocar o sono. Terminei a refeição em paz. E que paz.

Ao finalizar os dezessete pratos, na companhia de dez taças de ótimos vinhos, você continua vivo e muito feliz, quer recomendar. A maratona suave foi bem dosada pelo chef Carlo Mirarchi, e ele nem estava no restaurante, só cozinhava ali quatro vezes por semana. Infelizmente, o Blanca está temporariamente fechado, avisam no *site*. Espero que reabra em breve. Enquanto isso, não deixe de ir comer uma pizza na Roberta's. E eu espero que a minha última refeição demore a chegar – tenho tantos desejos que devo permanecer por aqui ainda, assim tenho tempo de pensar melhor nos cardápios, como se fosse possível retardar a ida.

CHEF'S TABLE AT BROOKLYN FARE
Nova York

Ouvia falar tanto do restaurante; tinha até medo que fosse uma decepção. Reservei com antecedência, pois o local é concorrido. Antecipei a viagem programada para aulas de jazz na Broadway – mais um desafio a vencer. Fui tentando disfarçar a ansiedade. O motorista do aplicativo parou o carro, virou para trás e disse: "chegamos". Tirei os olhos do celular e vi um supermercado, igual aqueles pequenos de bairro que conhecemos. Na placa estava escrito: Brooklyn Fare Market. Faltava achar a entrada do restaurante.

Mesmo tendo lido que funcionava dentro de um supermercado, aquilo era tudo muito estranho. Entrei para perguntar. A garota do caixa nem respondeu, fez sinal para ir em frente. Deve estar cansada de indicar. Andei sem saber o rumo certo, escutando música alta, entre corredores de frutas, verduras, conservas, queijos, produtos de limpeza, um labirinto entulhado, quando dei de cara com uma porta fechada nos fundos da loja. Uma moça bonita atrás de um balcão conferiu a minha reserva. Nem acreditei, eu estava mesmo no Chef's Table at Brooklyn Fare.

Sentei no banco forrado de couro preto em frente a um grande balcão de madeira escura. De um lado tinha um armário com portas de vidro guardando vinhos e uma porta para a adega, imaginei. A carta de bebidas é excepcional e enorme, saberia mais tarde. Na minha frente e de costas estava César Ramírez em ação numa cozinha bem-montada. Logo depois, o chef virou-se e, sem sorrisos, me cumprimentou. Senti o silêncio imponente no ambiente formal com um arrepio na espinha. Um pequeno exército de cozinheiros fazia parte do cenário, alguns ocupados, outros aguardando instruções, enfileirados como as quarenta, se não errei a contagem, frigideiras de cobre penduradas no teto, em cima da bancada.

Antes de o banquete começar, ganhei uma taça de champanhe. Relaxei. Eu era a única sozinha ao lado de alguns casais no primeiro horário de funcionamento do restaurante. Às seis da tarde, já estava quase lotado. Eram dezoito lugares, além do balcão, mais duas mesas do lado direito e outras duas atrás de mim. Comer ali é participar de um espetáculo caro, quase 400 dólares sem bebidas, mas um espetáculo. Tinha lido que não era permitido nem fotos nem anotações; se foi verdade um dia, ficou no passado. Fotografei tudo, inclusive o chef, apesar de ele quase me fuzilar com o olhar. E como é o banquete? Bem, Ramírez avisa, é cozinha japonesa com técnica francesa, predominantemente de frutos do mar, crus e cozidos, poucas carnes e muitos doces. O suflê e o *choux* de creme eram imaculados, idem para os sorvetes.

Recebi o cardápio da noite em um envelope lacrado com as iniciais do restaurante. Difícil não acertar com caviar, trufa e *uni* de Hokkaido. Uma covardia esse começo, perfeito. Vejo as fotos e me lembro da textura dos peixes servidos com molhos delicados. Não vou dizer mais nada. Aqui um pouco mistério faz parte da experiência.

RUSS & DAUGHTERS E KATZ'S
Nova York

"Nova York era um espaço inesgotável, um labirinto de passos sem fim, que não importava o quanto ele andava e conhecia a vizinhança e ruas, sempre deixavam ele com a sensação de estar perdido". Como o personagem de Paul Auster, da Cidade de Vidro, em *A trilogia de Nova York*, penso que por mais que ande e volte sei que não conheço a cidade. Quero ir mais uma vez. E se andar pelas ruas é um dos programas que faço sempre, desviar o caminho até a Houston Street é perfeito para comer um pastrami ou um sanduíche de salmão selvagem.

O Russ & Daughters e o Katz's são dois lugares que salvam a gente. E não estranhe não falar de um restaurante, há alguns anos estou tentando voltar a ser uma pessoa normal que, quando viaja, além de buscar as melhores refeições possíveis, claro, também vai ao teatro, aos museus, evita lojas de departamento, mas, enfim, também quer conhecer a cidade. Tento desde então equilibrar tudo e não apenas passar de mesa em mesa para conhecer o maior número possível de restaurantes. Por isso, esta é a dica de quem ama comer bem. Vale para quem não conhece a cidade e para quem já conhece.

Russ & Daughters está no auge como a Katz's, que todo mundo sabe que tem o melhor pastrami da cidade, "não perde a forma há mais de 100 anos", li não sei onde. Tem filas de turistas. Escolham um horário alternativo para ir, aviso. As duas casas são vizinhas, estão na mesma rua. Diferença de uma quadra. Na Russ & Daughters, você compra o sanduíche e come na rua. Descobri recentemente que abriu um café, com mesas para ter mais conforto. Ainda não conheci. Talvez nem queira. Pensando melhor, acho que quero. Vi as fotos, fiquei curiosa. Mas o charme da antiga mercearia, no mesmo endereço desde 1914, com dois bancos de madeira na entrada, caixas de peixes defumados, ou em conserva, mais caviar, mais molhos e queijo cremoso original, que é picante e doce ao mesmo tempo, ninguém tira. Vale a pena nem que seja só para experimentar salmão selvagem e deixar de comer o de cativeiro, criado com corantes, hormônios e antibióticos. Escolha o que vai querer e eles montam o sanduíche *bagel* na hora.

O Katz's é mais conhecido e está sempre lotado. É outro local que, por conta dos sanduíches, você fica na fila. Ainda bem que é rápida. "Simples e tradicional, vendem sanduíches bem servidos desde 1888", anunciam. O de pastrami, o peito de boi curado, e o dali é bem-temperado e montado na hora também, é o mais pedido, e eu, como a maioria dos clientes, nunca olhei para o cardápio da casa. A escolha é sempre a mesma. O que eu poderia dizer além de que vale a pena? Vá nos dois.

ATOBOY
Nova York

Olhei no mapa e vi que o destino era mais ou menos perto do meu hotel. Resolvi ir a pé e acabei gastando preciosos minutos, não porque era longe; descobri depois de andar pra cima e pra baixo que a numeração estava escondida. Uma obra em frente ao restaurante impedia de vê-la. Enfim, achei o Atoboy. Ellia Jeongeun Park e Junghyun Park, mulher e marido, tocam quatro restaurantes na cidade. Além do Atoboy, tem o Atomix – um *fine-dining* coreano, que está em primeiro lugar na minha lista para conhecer –, o Naro e o Ato. Infelizmente, todos ficaram para a próxima visita à cidade. É bom deixar alguns endereços no bolso, me dizem; eu não acho, não quero perder nada nunca, um sofrimento.

Não conhece comida coreana? Pode ir sem medo, garanto. Tem tempurá, molho de gengibre e amendoim, peixe marinado, berinjela refogada, pode ter ouriço e vieira apimentada, ou polvo com *chimichurri*, carne de porco e frango marinado, com certeza. Acompanha a refeição uma tigela de arroz e *banchan* – pratinhos com vários acompanhamentos. E *kimchi*, claro, a conserva é base da alimentação coreana, preparado geralmente com repolho ou acelga fermentados, que faz bem para a saúde. O que faz eu querer voltar? O ambiente descontraído e minimalista, com bom atendimento e preço, e boa comida, simples assim. E comece a prestar atenção em restaurantes étnicos, se ainda não o faz. A vida é curta, permita-se se entregar a novos sabores, vença preconceitos, amadureça, não diga "eu não gosto" antes de provar.

MOMOFUKU
Nova York

Momofuku é outro caso de chef celebridade com vários restaurantes na cidade. Não é só isso. David Chang tem bar, revista, livro, *podcast*, programa na TV, padaria e outras casas espalhadas pelo país. Tudo começou em 2004, com a abertura do Momofuku Noodle Bar – daí ele ficou famoso, só se falava dele e o restaurante virou uma marca. Já conto. Conheci o Momofuku no Uptown, instalado dentro de um pequeno complexo de lojas – The Shops – no Columbus Circle, a praça dentro da grande e famosa rotatória, numa das pontas do Central Park. Fiquei bem satisfeita com a descoberta. No térreo tem uma enorme loja da Whole Foods, visita obrigatória também, e outros restaurantes no *shopping*.

Chang é norte-americano de família coreana e sua fama começou com os *buns*. Eu fui atrás deles. *Bun* em inglês, *bao* em chinês, também chamado *baozi*, ou *gua bao*, é um pãozinho fermentado e assado no vapor, por isso fica branquinho. Parece um bolinho macio recheado com barriga de porco, cebolinha, pepino e *hoisin* – um molho picante e agridoce de soja fermentada. Gosto quando é mais delicado, nada que não consiga morder. No Momofuku tem também na versão com cogumelo ou camarão. É a combinação perfeita para começar a levitar, com a ajuda de uma taça de saquê, e esquecer os problemas, ou simplesmente ter uma boa refeição. Comeria muitos *buns* se pudesse.

Ainda reina no cardápio do Momofuku os *noodles*, aquele macarrão fino enroladinho ou liso, feito de cereais, os populares *lamens*, assim chamados na China, ou *ramens*, no Japão. Um sucesso no mundo todo, ali, certamente. Tem também saladas, peixe crus e conservas servidos em pequenos pratos para dividir. Enfim, um endereço obrigatório de um chef inspirador, alguém com essa gana por novidade que me atrai. Não é uma aventura viver entre tantas possibilidades? O problema é fazer escolhas. Não podemos tudo nunca.

CHEZ PANISSE
Berkeley

Estava emocionada – ia conhecer o Chez Panisse, que fica em Berkeley, do outro lado da baía de San Francisco. Explico: é o restaurante da chef Alice Waters, a responsável por iniciar uma revolução na gastronomia. Tudo começou como uma marola, água ainda no raso, foi indo, foi indo, tomou força, ganhou impulso, cresceu, virou uma onda daquelas enormes, estourou, primeiro, nos Estados Unidos, depois se espalhou pelo mundo, os respingos dela sentimos até hoje em todos os lugares. Isso faz mais de cinquenta anos.

Vejo uma foto recente dela no Instagram segurando um cartaz, *"system change, not climate change"*. Ela continua sua luta, diz que o que precisa mudar é o sistema de produção de comida, que deve ser local, regenerativa e orgânica. Acredita na educação para mudar. Eu também. E a comida do restaurante? Maravilhosa. Lembro-me da torta de figo que comi lentamente, com metades da fruta quase cruas, afundando nos dentes, mergulhadas em um finíssimo creme, com muito pouco açúcar, que encostava em uma massa que era mais uma folha delicadamente crocante. Não digo que é preciso planejar a ida sem falta, digo que ela é um ícone, um exemplo a seguir, e que se você estiver por aquelas bandas, deve sim visitar. Eu planejei, claro.

    O que ela fez, faz e representa é muito maior do que o restaurante. Se hoje se come melhor nos Estados Unidos e na Inglaterra, por exemplo, é porque tem o dedo dela, acredite. O Chez Panisse foi aberto em 1971 com a proposta de ser um ponto *locavore*, de consumir ingredientes do local, dando início ao que ficou conhecido como *California cuisine*. Não tem filiais nem franquias. Ela também não colocou seu nome em nenhum produto industrializado, só montou um café no primeiro andar para uma refeição mais simples e barata, onde almocei. A salada com queijo de cabra é um clássico da casa e eu pedi antes do pato. São poucas opções no menu, e mesmo assim consegue ser bem variado. Estar nessa casinha encantada é mais um sonho realizado. A chef não estava no dia da minha visita; a conheci em um congresso em São Paulo. Foi um encontro rápido, tenho ataques de timidez com frequência, principalmente na frente de pessoas que admiro. Guardo a foto que tiramos com muito carinho e, conhecendo-a pessoalmente, renovei minha fé na humanidade. Tenho esperança.

AUSTRÁLIA

Fui no susto. A premiação do *ranking* do *50 Best Restaurants* me jogou no outro lado do mundo. Desembarquei na Austrália. O país é longe para os brasileiros, a viagem pode durar trinta horas e é cara. O fuso de doze horas de diferença nos deixa zonzo até para entender o inglês deles, com forte sotaque. Porém, parece ser um dos melhores lugares para se viver. Não está convencido? Pense em uma natureza de tirar o fôlego, com a grande barreira de corais – o maior ecossistema do mundo, declarado patrimônio mundial –, no transporte gratuito em grande parte das cidades, na floresta tropical, nas praias lindíssimas, no clima parecido com o nosso e na segurança. Cito apenas poucas atrações – é a gastronomia que nos interessa. Aquele bolo fofinho, que parece uma esponja, com uma camada de creme no meio, salpicado de coco, é o *lamingtons*, o bolo nacional do país. Já a *pavlova*, merengue com crosta crocante, com frutas vermelhas e nata, homenagem à bailarina Ana Pavlova, tem a autoria disputada entre a Austrália e a Nova Zelândia, assim como acontece com o barreado entre alguns municípios do litoral do Paraná. A cozinha australiana é multicultural, tem influência chinesa, vietnamita, grega e libanesa. Nos pratos de todo dia estão a torta de carne moída com molho de tomate; a sopa de abóbora com maçã Granny Smith; o bolo de batata; o *fish and chips*; e o picles de beterraba. E ainda: o canguru grelhado – sim, comem o bicho –; o *vegemite*, uma pasta de vegetais e temperos, substitui quase sempre a manteiga na torrada; e o *flat white*, o nosso café com leite – aliás, cafeterias estão em todas as quadras, ao lado de galerias de arte e bibliotecas, já farmácias não são maioria como nas cidades brasileiras.

Os chefs promovem ingredientes locais, claro. Na cidade que tem restaurantes de setenta nacionalidades, destaco os famosos Attica, Brae, que é mais afastado de Melbourne, e Quay. São três restaurantes presentes em listas e *rankings*; fugi deles nesta viagem. O país tem inúmeras vinícolas, mais de 1,5 mil espécies de peixes e três mil moluscos e restaurantes com serviço impecável. A gastronomia expressa a forte identidade australiana, com qualidade, simplicidade e a valorização de ingredientes de produtores locais, fui atrás dos pequenos. Não se esqueça também dos mercados. Coloque no roteiro o Queen Vic Market, fundado em 1878 e instalado em dois quarteirões da cidade. É a hora da comida de rua, peça um *bratwurst*, um tipo de sanduíche com carne. Muitos motivos para conhecer o país; não saia sem uma visita à surpreendente Sydney Opera House.

FIREDOOR
Sydney

Meio tonta ainda da viagem, tentando enganar o corpo, desfiz a mala, ajeitei a roupa no armário e saí para almoçar. Chovia em Sydney – mesmo assim, a cidade me lembrou o Rio de Janeiro. Procurei um lugar perto do hotel para fazer um lanche, à noite queria ter fome. Depois, bem que tentei descansar; foi em vão, é difícil se adaptar ao fuso. Decidi andar. Mais tarde, quando fiquei resfriada, vi que não foi a melhor decisão querer dar um truque no cansaço. Acho que estava ansiosa para o jantar no Firedoor. Esperava encontrar o chef Lennox Hastie, que conheci quando ele ainda trabalhava no Asador Etxebarri, na Espanha, que figura na minha lista dos melhores restaurantes da vida.

De volta da caminhada, tomei banho e me aprontei. No horário da reserva, entrei no restaurante atravessando a grande porta rústica entre janelas que se abrem para uma esquina no bairro de Surry Hills. Acomodada no balcão, sem precisar desviar dos olhares curiosos, tinha a melhor cena possível: quatro churrasqueiras, um fogão, dois imponentes fornos, todos à lenha, nada a gás ou eletricidade ali, e um grande cozinheiro em ação. Assim, fiquei hipnotizada a observar quem sabe domar as labaredas que recebem ingredientes frescos e selecionados diariamente. O que veio depois foi inesquecível. Pão e manteiga abriram o espetáculo com exclamações que me acompanharam até a sobremesa. Não saia sem provar o sorvete ou a rara carne *dry-aged* (de 150 dias de maturação), ambos defumados. O cardápio muda todos os dias. Antes de trabalhar no Asador – ficou cinco anos no País Basco –, Hastie passou por vários restaurantes na Europa. É um talento. Grave o nome. Para reservar, são necessários alguns meses de antecedência. Hoje, o chef toca também o Gildas Surry Hills, um bar de vinhos inspirado na cozinha basca. Imaginava comer *pintxos* na Austrália? Agora, é possível.

BILLY KWONG – LUCKY KWONG
Sydney

Passar pela cozinha descortinada, já na entrada no restaurante, me fez ir para outro mundo. Nem sei qual. Tento explicar. Um mundo simples, em um local com tudo o que precisamos para saciar a fome e ter prazer ao comer. Billy Kwong é o restaurante que queria perto de casa. Então, é isso, ambiente familiar e silencioso, com ótima comida. Olhei para Kylie Kwong como se fôssemos velhas amigas. Ela é uma celebridade no país. É o que podemos chamar de *showwoman*: chef, *restauratrice*, autora e apresentadora de programas de televisão. Você acha que já a conhece.

Sentei no balcão, sempre meu lugar preferido. Fiquei escutando o barulho da concha batendo na panela wok, estudava o cardápio com dúvidas, sentidos despertos e muito apetite. Estranhei os cozinheiros com fones de ouvido – era assim que os pedidos eram passados, funcionava. A maestrina comandava tudo fazendo sinais com as mãos. Servia a autêntica comida australiana-chinesa. É claro que pedi *dumplings*, os pãezinhos recheados, picles e depois pato laqueado, outro prato que tento provar por onde ando. É como se você fosse uma criança num parque de diversões. Saí dali feliz. Depois de três décadas, em 2024, Kwong anunciou o fechamento do restaurante. Não acreditei. Sonhava em provar novamente a sua comida e torço para que seja possível.

10 WILLIAM STREET
Sydney

Assim a Austrália foi se revelando para quem não se assusta com a distância: muitos restaurantes pequenos e charmosos, tocados por jovens chefs que fogem do padrão de toalha engomada e são mais acessíveis, com preços mais em conta. Profissionais talentosos desenham com competência cardápios enxutos preparados por equipes também pequenas e dão preferência a produtos locais e artesanais. São despretensiosos na essência. Para eles, é o sabor o que buscam. O 10 William Street é assim. Às sextas-feiras e aos sábados, abre do meio-dia à meia-noite, não é perfeito? Apenas dois inconvenientes: você pode demorar para encontrar o pequeno restaurante, que fica em um beco, no bairro de Paddington, e dar de cara com uma fila para conhecer a cozinha italiana-asiática com toques australianos. Enfrente.

Como estava sozinha, foi até fácil. Espere muitas sementes, carne de canguru e lagostim de água-doce, sanduíche de polvo e caranguejo entre as surpresas. A música embala tudo. Se apresentam como um restaurante e um bar de vinhos naturais e são, a carta da bebida é excelente. Dá para comer e beber no balcão ou em uma das poucas mesas coladinhas umas nas outras. O menu muda conforme o que o mercado apresenta, um grande quadro-negro mostra as novidades, não se afastam da raiz italiana, mas se deixam levar por inovações. Que alegria estar ali. Escrevo isso durante a refeição e lembro logo de molhar o pão na manteiga com alho, afastando as pequenas conchas frescas, deixando-as para o fim. Na sequência, mordo o aspargo tenro coberto com lardo e o crocante de avelãs, entre goles de vinho, para depois me esbaldar com a torta de ruibarbo de creme fresco batido se derretendo, e a calda escorrendo exibida para o meu lado.

TIPO 00
Melbourne

Como eu gostei desse restaurante e como comi bem. Informalidade sobra na casa italiana acolhedora, aberta em 2014 no centro de Melbourne – aliás, parece ser uma regra na cidade. O curioso nome, Tipo 00, é uma referência à farinha usada no restaurante, que oferece poucos pratos, também preparados com produtos fresquinhos. São apaixonados pela cozinha italiana, as pastas e as bebidas principalmente, avisam. Da cozinha, aberta para o pequeno salão, em estilo clássico, é possível acompanhar o balé dos cozinheiros e sócios. O balcão em L está junto do bar. Além da *focaccia* caseira e irresistível, as massas podem ganhar das clássicas italianas – parecem saídas da casa da *nonna*. Nem por isso a sobremesa deixa de ter um toque moderno: o "tipomisù" é um *brownie* coberto com uma mistura de mascarpone, creme, rum e chocolate. E eles acertam na inovação. É mais um endereço de comida boa e descomplicada que encontrei em Melbourne, mais um daqueles que me deixariam feliz se estivessem perto da minha casa, para ir sempre.

CUMULUS INC.
Melbourne

Saber que tenho o dia todo, nos sete dias da semana, aberto a partir do meio-dia até meia-noite, para visitar o Cumulus Inc., inaugurado em 2008 pelo chef Andrew McConnell, é um alento. Isso é comum por lá – muitos estabelecimentos funcionam em horários estendidos. Foi o primeiro a adotá-lo; por aqui ainda não existiam. É possível escolher o restaurante para um almoço, emendar um lanche, fazer um aperitivo no final da tarde e até jantar depois. Como consegue ser bom oferecendo tantas opções é a charada. Chris Webb acompanha o chef com a melhor seleção de vinhos. Na época do Natal, ela costuma oferecer uma lista com garrafas raras e especiais.

 O ambiente informal carrega bom-gosto, as janelas com esquadrias quadriculadas enormes e o pé direito alto dão um ar antigo, aproximam a rua. Também tem um balcão comprido de mármore que acolhe os solitários, e a comida, bem, a comida é simples e saborosa. Quando tem flor de abobrinha, por exemplo, ela brilha em vários pratos, como em uma torta que fica parecendo uma aquarela com a sombra em leve relevo. Ah, dá para escolher algo mais forte, que tal uma enguia defumada da Tasmânia? Um espetáculo, pode ser seguida de vieiras, ostras ou carneiro. Algo mais simples? Então, um sanduíche de pastrami ou os meus preferidos *dumplings*, entre outros pratos.

O cardápio, como em muitos estabelecimentos na cidade, muda com frequência. O lugar faz sucesso e está no centro da cena gastronômica da cidade. O chef trabalhou em Londres, Hong Kong e Xangai e descobriu o que os locais gostariam de comer. Acertou. McConnell e o fotógrafo Jo McGann estão à frente de um coletivo de restaurantes, são embaixadores de ações para ajudar os aborígenes, povos tradicionais e pessoas em situação de vulnerabilidade, além de participarem da campanha anual StreetSmart's, para arrecadar fundos, e do DineSmart, um programa de treinamento e colocação profissional que existe há vinte anos. São projetos para serem copiados. O restaurante é vizinho de galerias de arte, então passeie por ali sem pressa e entre no Cumulus para se divertir, seja qual for o horário.

MINAMISHIMA
Melbourne

Chego cedo e sou recebida já na entrada com uma taça de champanhe. O premiado *sushiman* Koichi Minamishima está atrás do balcão cortando os peixes, que são colocados na caixa de madeira em frente aos pequenos potes de cerâmica com temperos. Encontro meu lugar na larga linha de madeira; o local é reservado apenas para uma ou duas pessoas. Grupos maiores ocupam outra sala.

Logo chegam outros clientes. A luz indireta na parede negra atrás e em cima do chef transforma a cena. Nada de excessos. A panela de bambu com arroz quase não é vista. Não me lembro da música, mas do silêncio, da reverência com o ofício. Em segundos, começa uma viagem ao país oriental, como se eu tivesse passado por um portal. O chef segue a filosofia *shokunin* – a busca constante pela perfeição –, que aprendeu no Japão há trinta anos. Se a proposta é *intimate japanese dining*, eles acertam. O talento do mestre Minamishima brilha, é destaque internacional. O *omakase*, o menu degustação, é feito com produtos frescos japoneses e locais, que chegam diariamente. A sequência de sushis é única. Com a oferta de frutos do mar do país, não perderia por nada essa oportunidade. Harmonize com saquês. A experiência está na mão do chef, não tem menu *à la carte* – nem precisa.

GERALDS BAR
Melbourne

Desviei o caminho. Foi como sair do sofisticado Batel e ir até o distante Abranches, dois bairros de Curitiba. Por conta do aluguel mais baixo, é comum encontrar bares e restaurantes longe dos lugares onde se concentram bons restaurantes. Em Melbourne, fui atraída para um bairro calmo e residencial, com certo charme e vida própria para conhecer um bar. Andei um pouco sem destino e preocupação por ali até encontrar o Geralds, que consegue acumular prêmios mesmo instalado no distante Carlton North. Só o fato de ter uma filial em San Sebastián avaliza a casa: o balneário do País Basco é *hors--concours* quando se trata de comidas e bebidas, sabemos.

Desde 2006, o bar de vinhos e restaurante ganha destaque também pela seleção musical. Os discos de vinil passavam pelas mãos do brasileiro Gabriel de Melo Freire, motivo da minha ida até lá – uma recomendação de um amigo da família dele. Além de toques no cardápio ao estilo das *tapas* espanholas – com poucas e boas opções, como ostras frescas, costelinha de porco e salmão defumado; pode comer, que não é o de cativeiro vindo do Chile –, Freire assinava a elogiada carta de vinhos e drinks perfeitos. Imperdível para deixar o tempo rolar e sentir-se como um morador local. Aliás, a vizinhança, que dorme cedo, costuma frequentar. Hoje, Freire tem seu próprio restaurante: Commis. Já está na lista.

ÍNDIA

Aqui, eu deveria discorrer sobre a gastronomia indiana, como fiz com os outros países. Falar dos fornos de barro, dos temperos, principalmente dos *curries*, dos pães – *naan*, o mais conhecido –, da importância das especiarias e do ghee, a manteiga clarificada. Inclusive, Nova Delhi tem restaurantes na lista do *50 Best*: Indian Accent e Bukhara, além de outros dois em Mumbai. Não visitei nenhum. Acontece que não fui até a Índia para conhecer a gastronomia de lá. Depois de anos desbravando endereços pelo mundo, faria um desvio na rota.

Tenho certeza de que a ideia de conhecer a Índia foi incubada entre os meus quinze e dezesseis anos, quando comecei a meditar e a praticar yoga com as únicas duas professoras em Curitiba. Era o começo da década de 1970, e a contracultura ainda influenciava muita gente pelo mundo. Os Beatles estavam morando em Rishikesh, a capital da yoga onde não entra carne nem bebida alcoólica. Acabei seduzida. Virei adepta da macrobiótica, para desespero da família e espanto dos amigos da época. Arquivei o desejo. Continuei a tocar a vida e a manifestar a rebeldia sendo *dark*, outro movimento de reação às normas predominantes.

Finalmente, muito tempo depois, a esperada viagem aconteceu no começo de 2019. Precisava de companhia para a experiência – encontrei guarida no Instituto Nanak Ashram, com Sandesh e o indiano Parvinder, o guia espiritual, além de três amigas aventureiras. Com ele, foi reforçada a ideia de não desperdiçar comida – lá quem não tem o que comer é sempre lembrado. Nos restaurantes, ele sempre pedia para levar o que não tinha sido consumido. Nos templos, são servidas refeições 24 horas. Em um deles, chegamos a ajudar os voluntários que se dividem no preparo da comida. Apesar da pobreza, ninguém passa fome. Um modelo a ser imitado.

NORBULINGKA INSTITUTE MONASTERY
Sidhpur

Como não gostar de uma refeição servida no jardim de um monastério no Himalaia? Impossível. Entre um período de meditações e silêncios, fui almoçar e conhecer o Instituto Norbulingka, criado para preservar a cultura tibetana, perto de Dharamshala. Arte para eles é uma ferramenta e um caminho para o budismo. Antes do almoço, andei pelos jardins, escutei o barulho das águas e dos sinos, visitei o templo e a loja que ajuda na manutenção de tudo. O lugar é uma escola de arte, de formação de monges e moradia de sacerdotes. Dalai Lama fica ali durante alguns meses no ano. Oferece também a opção de hospedagem em quartos que parecem nos chamar, como se fosse o de uma casa de praia de uma amiga que tem bom gosto. Perfeito para uns dias de reflexão e para refinar o paladar. Vegetariano e orgânico, o restaurante é um convite irrecusável e nem vou indicar nada, ali não é preciso. Permita-se sentir, foi o que eu fiz. Saí com vontade de ficar mais. Acho que moraria ali por um longo tempo.

PURE SOUL CAFE & ORGANIC KICHEN
Rishikesh

Na capital da yoga, Rishikesh, não foi fácil achar o Pure Soul Cafe & Organic Kitchen escondido entre ruelas da cidade. Chegando, vi que valeu a pena vencer ladeiras e curvas. A vista compensa. Deixamos os sapatos do lado de fora, como exige o costume local, e entramos. Todo rodeado por janelas, com mesas encostadas nelas, escolhemos as baixas, onde as pernas ficavam esticadas ou cruzadas na posição de lótus.

O restaurante é um achado perfeito: instalações limpas, bom atendimento, conforto e comida vegetariana. "Um oásis no caos", li sobre o local; é verdade. Acredito que toda cidade grande da Índia seja caótica. O interessante é que, com o tempo, você se acostuma e nem a carne faz falta, nem as vacas andando ao seu lado nas ruas chamam atenção. O Pure Soul Cafe & Organic Kichen convidava a ficar mais tempo – terminava a refeição e alguém pedia mais um suco, outro pedia um chá, depois outro resolvia comer um doce. A conversa fluía solta. Risos acompanhavam. Voltamos várias vezes. Com a exceção de um restaurante, que me obrigou a visitar o banheiro imediatamente quando terminei a refeição, comi muito bem na Índia. Infelizmente, penso agora, não anotei endereços e não fotografei os pratos. Por um tempo, abandonei a saga, mas do Pure Soul Cafe & Organic Kitchen eu vou sempre me lembrar.

ISRAEL

Não por acaso, depois da Índia, Israel ficou para o capítulo final. Infelizmente, com a invasão das forças israelenses sobre o território palestino, intensificada em 2023, não temos nada para comemorar. Espero que os dois únicos territórios orientais visitados abram outras portas. A lista de restaurantes não se esgota nessa publicação, apesar de dizer que não me encaixo tanto na função até aqui desempenhada. A organização deste *Juro que comi* me abriu o apetite. Metade do mundo ainda é desconhecido e não posso morrer sem ir ao Japão, ao Vietnã ou à Tailândia. Assim, pela segunda vez, não embarquei com uma lista de locais a serem visitados, nem reservas, mesmo apaixonada pela culinária israelense. Com as viagens à Índia e a Israel, recuperei a energia para retomar a ideia do livro, adormecida na gaveta.

Em Israel, nas cidades sagradas, segui com o Mãos Sem Fronteiras. A ONG trabalha com um método chamado de estimulação neural, para promover a saúde, e ensina a meditar com o uso de aplicativos. Em Tel Aviv, tirei alguns dias para conhecer a gastronomia – uma amiga me guiou e ainda me presenteou com um *tahine* orgânico que mudou minha vida. Lá também escutei que nunca tinham visto eu comer tanto. Reflexo da paixão pelo sabor oriental que descobri há muitos anos em Londres, onde conheci a cozinha dos chefs Ottolenghi, judeu, e Tamimi, árabe, cujos livros frequentam minha cozinha desde então. Os sabores são tão ricos que contaminam. É impossível ignorar a cozinha do Oriente Médio, que tem influência da Mediterrânea. É falar nas saladas, no purê de grão-de-bico – o *hummus* –, na pasta de gergelim – o *tahine* –, no pão pita, no bolinho de grão-de-bico – o *falafel* – e na carne assada no espeto – o *shawarma* – e ter vontade de comer tudo.

CAFÉ ORIGEM, CAFFE TAMATI, LA BONNE PATISSERIE
Tel Aviv

Fiquei impressionada com os cafés de Tel Aviv, pelo menos três. O Café Origem é de uma família baiana. No balcão, além de cafés especiais de vários locais, Bahia também, claro, estavam lustrosos brigadeiros e redondos e quentinhos pães de queijo. Um pequeno oásis. Foi a simpática proprietária quem me contou, não sem antes propagandear a segurança da cidade, entre outras coisas, sobre os procedimentos para se abrigar no caso de o alarme de bombas soar. "Se estiver no carro, saia dele imediatamente. Se estiver na rua, procure um abrigo – os prédios abrem as portas e toda casa tem um *bunker*", uma estrutura construída para resistir a projéteis de guerra. O conflito entre israelenses e palestinos era difícil de entender e estaria longe de acabar.

Poucas casas adiante estava o La Bonne Patisserie, e daí era sair do clima baiano para entrar em solo parisiense, com direito a saborear a perfeita confeitaria de Paris, bem longe de lá. Se esses dois endereços estavam a poucos metros do hotel, o Caffe Tamati eu só descobriria guiada por uma moradora local. Uma portinha com sacas de cafés empilhadas, tubos transparentes com cafés em grãos nas prateleiras, paredes sem reboco, plantas e vários objetos pendurados, chaleiras, xícaras, copos e livros à venda, sacos de juta no teto, tudo quase escondendo a loja, na verdade, um corredor, com piso de madeira, numa rua perto do mercado Carmel. Poucos bancos nos fundos, o aroma de café fresco, o melhor que se pode degustar, de acordo com os clientes locais, música de se ouvir cantarolando ou dançando sentada, mais a simpatia de um dos sócios e você é abduzida para o seu interior. Não quer mais sair. Se não conseguir um lugar, é comum pegar o café e tomar nos bancos no outro lado da rua, mas melhor é ficar por ali, nem que seja nos caixotes de plástico que avançam na calçada e conversar com Miki Perez. Ele acha que a conexão estabelecida com os clientes faz o café especial, conhece todos e sabe das preferências – eu tenho certeza, é outra razão do sucesso. Soube disso na conversa, entre goles de café – descobri até onde chefs e cozinheiros vão comer. Era tudo o que eu queria, e minha amiga me olhava de longe desconfiada do meu interesse.

Assim fomos parar no Margilan, antes de eu precisar me esconder no porão de outro restaurante. Por alguns minutos, a calmaria da cidade tinha acabado. Lamentei deixar Tel Aviv sem conhecer o La Cité, aberto pelos mesmos proprietários, que "não é um bar, não é um restaurante, é sobre tradição, cultura, família e simplicidade", explicam. Imagino que a ampliação dos negócios irá no mesmo rumo do café, sempre cheio de gente. Lugar de descobertas, pode ser de um sabor, pode ser muito mais. Ali conheci Adeena Sussman, cujo livro premiado, *Sababa – sabores ensolarados e frescos da sua cozinha israelense*, disputava espaço entre canecas e cafés. É um dos quatorze escritos por essa simpática cozinheira. Trocamos promessas de nos encontrar no Brasil e de mais conversas sobre nossa paixão pela comida israelense, ainda não cumpridas. Inspiradora, além de chef e escritora, ela é uma *travel writer*. Taí uma profissão que abraçaria com prazer.

MASHYA
Tel Aviv

Para Israel, não fui pela gastronomia, já contei, mas estando lá, dei um jeitinho de conhecer um pouco e foi só um pouco. Voltaria diferente depois de conhecer o país. Tinham me avisado, eu não acreditei. Voltei mesmo, passados alguns dias já na minha casa, tive essa certeza. Escutei que remocei – dei risada.

Exagero exagerado. Pensei na sorte de um tempo assim para refletir sobre a vida e aprender. A pandemia havia despertado a espiritualidade. A morte rondando perto funcionou como entrada para a fé.

Por isso, passar por lugares considerados sagrados parecia me colocar em outro universo: onde Jesus teria nascido; por onde teriam passado quando foram para o Egito fugindo do imperador que mandou matar todos os recém-nascidos porque era prevista a vinda do Messias, o Salvador; onde teriam parado no caminho; onde Jesus, Maria e José teriam morado; onde teriam acontecido os milagres, a multiplicação dos pães e do vinho; o batismo de Jesus por João Batista; eu mesma recebendo a água do rio Jordão; onde Jesus teria carregado a cruz – ruela hoje cheia de lojas; onde ele teria sido crucificado; e o local de sua ressurreição. A emoção inexplicável ao chegar no Muro das Lamentações. O ceticismo abalado com a leitura da carta de Paulo aos Coríntios – ao povo de Corinto, na Grécia – durante uma missa, "não queira entender tudo", resumidamente. As horas de meditação, somadas à força de novos amigos, foram suficientes para a calmaria se instalar.

De quebra, a paixão pela comida israelense aumentou. Encontrei faminta a vibrante Tel Aviv, nomeada pela Unesco como a "cidade branca", por conta do número de prédios brancos construídos seguindo o estilo Bauhaus. Experimentei o *sabich* e o *shawarma*, os sanduíches israelenses, comi *hummus*, a pasta de grão-de-bico e todas as outras pastas também. Conheci o mercado Sarona, o polo gastronômico, e o Shuck Karmel, o mercado Carmel, que ferve e é chamado de "coração de Tel Aviv". Fui ao restaurante Santa Catarina, especializado em carnes e legumes grelhados; deixei as pizzas do cardápio de lado. Experimentei aqueles pratos enormes com pepino, cebola, rabanete, tomate, azeitona, abacate, cenoura e coalhada. Um pouco difíceis de encarar quando servidos no café da manhã. Sempre que pude, tomei suco de romã – não existe nada igual. Comi muita tâmara fresca, inclusive, e frutas secas, toda hora. Enlouqueci com os temperos. Bebi vinhos israelenses de pequenos produtores. Visitei museus. Mas não deu tempo de ir até o Topolopompo, que me garantiram ser o melhor restaurante da cidade.

Fui até o Mashya – fiquei impressionada com a beleza e sofisticação do lugar, que respira *design* e apresenta a cozinha mediterrânea do jovem chef Guy Arish. O Mashya é do grupo Baraka House, com vários restaurantes na cidade, e estava vazio quando chegamos. Logo lotou – as reservas são concorridas. No verão, as mesas de fora são as mais tranquilas. Dentro, o clima é outro. O grande balcão convidava a olhar, a luz baixa e a trilha sonora davam impressão de que a qualquer momento casais começariam a dançar, aproveitando o clima de balada, mas a comida caprichada e o corre-corre na cozinha aberta e dos garçons no salão nos lembravam de que estávamos em um restaurante.

YAFFO
Tel Aviv

Uma das paradas obrigatórias era conhecer o famoso chef Haim Cohen. Seu restaurante repete uma fórmula comum na cidade: bem-montados e grandes; cozinha aberta para o salão; menu descomplicado, com poucos pratos. Mesmo assim, cada um tenta deixar a sua marca. No dia que visitei, ele estava no Yaffo, concentrado, coordenava a saída dos pratos e orientava os cozinheiros – bom sinal. O restaurante tem um forno à lenha enorme na entrada e um bar igualmente enorme com bancos em volta. E eu quase não conseguia tirar os olhos da metralhadora no colo do jovem jantando com a namorada. Quando estão no exército, os jovens andam armados – a cena é comum e "não há motivo para preocupação, são bem-treinados", me alertaram. Tentei acreditar e tratei de esquecer. O Yaffo tem mais opções de entradas, são doze, do que os pratos principais, seis, além de duas opções de proteína, uma carne e um peixe.

A recomendada *focaccia*, acompanhada por azeite, alho assado, tomates e um creme, veio quentinha, macia e com uma crosta crocante, como se espera, marcou o começo da refeição. O que veio depois – as porções são grandes – quase deu conta da fome: uma salada de folhas verdes com figo e queijo, vinagrete de *sumagre*, bem parecida com a minha, considerada imbatível, de vez em quando ando pela cozinha; e um ceviche, uma versão do prato típico peruano com leite de amêndoas e azeite de ervas. Como prato principal, o peixe do dia, o robalo parecia recém-saído do mar, grelhado inteiro. Veio acompanhado por um molho delicado de tomate, sálvia, vinho branco e manteiga, bem-temperado, esparramado perto de alguns tomatinhos-cereja e talos e flores de brócolis assados. A confeitaria dali é refinada, eu sabia, então escolhi o típico *kanafel*, ou *knafeh*, encontram-se várias grafias, porque estava à procura do melhor. O doce árabe de massa fina, que parece com a aletria, é servido com queijo e sorvete de pistache, geralmente. E o do Yaffo não decepcionou. Pagamos a conta e saímos devagar, olhando em volta para guardar detalhes – a vontade de ficar mais um pouco adiando o momento, até encontrar o sorriso do chef, encarado pela minha amiga como convite para uma foto.

CLARO
Tel Aviv

E dizer que entrei no restaurante meio por acaso. Vi como um convite a plaquinha "estamos abertos" pendurada na porta estreita, quase escondida pela hera que cobria a parede. Ao abri-la, levei um susto, o primeiro do dia – a estrutura é enorme, não se espera. Conhecer o Sarona, o mercado moderninho com mais de noventa restaurantes pequenos e muitas lojas de temperos, queijos, vinhos, azeites, carnes e embutidos, ali ao lado, estava no programa; o Claro, não.

    Saindo do mercado em direção à rua para pegar um táxi até o Margilan, encontrei um conjunto de casas antigas, diminuí o passo para ler os tótens que contavam a história do lugar e esqueci um pouco o programa planejado – ainda era cedo para jantar. As construções, cercadas como em um condomínio, já tinham sido ocupadas pelo exército britânico durante a Segunda Guerra Mundial, sediado o Banco de Israel com o equivalente à nossa Casa da Moeda, hospedado a destilaria da família Segal e ainda abrigado o arquivo do Ministério da Defesa. Andando distraída pelos jardins floridos e perfumados entre as casas, vi uma grande estrutura. Ali parei. A história desse barracão, de 1.100 metros quadrados, me interessou. Construído em 1886, o local sediou uma comunidade templária de viticultores – da ordem do Templo, uma ordem religiosa criada na época das Cruzadas, em 1128, com o objetivo de proteger os peregrinos que iam a Jerusalém. Enfim, o prédio era do restaurante e foi também a primeira adega subterrânea de um assentamento agrícola. Por coincidência, me serviria de abrigo à noite – minha peregrinação à Cidade Santa começaria no dia seguinte.

    A desistência de ir ao Margilan, onde profissionais da cozinha de Tel Aviv vão, como soube, ajudou. Antes, ficaria longos quinze minutos em um abrigo antibombas ao lado de um grupo enorme, entre clientes, cozinheiros e garçons do Claro. Não sei se a primeira opção, um pequeno restaurante de bairro, teria um abrigo tão bem-estruturado. Não quis nem saber. Naquele dia, de que não me esqueço, meu jantar seria interrompido pelo som de uma sirene de alerta de ataque aéreo. Antes que eu me desse conta do perigo iminente, um jovem chegou à mesa e, com tranquilidade, disse: "Está tudo bem, vocês só precisam me seguir. Vamos para o abrigo aguardar até que não exista nenhum risco". Levantamos – estávamos perto da escadaria e, em procissão silenciosa e passos rápidos, descemos os dois lances de escada. Um grupo de japoneses, visivelmente preocupados, colocou suas máscaras – povo que já passou por algumas guerras, deduzi. Pensei em registrar o momento, peguei o celular, tirei fotos, filmei, numa tentativa de me distrair, vi outros com o aparelho em mãos procurando notícias. Alguns conversavam despreocupados. Andei entre as mesas e os sofás – eles usam o porão para eventos privados –, topei com um ferro e uma tábua de passar roupa, desviei, aceitei o copo de água no caminho, continuei calma. Logo anunciaram que poderíamos voltar.

Pouco depois, como se fosse normal correr até um abrigo antiaéreo de vez em quando, continuamos com os pedidos para o jantar. Tomei um gole do vinho sentindo alívio por essa experiência ser apenas uma história para contar e escolhi como prato principal o nhoque de abóbora, com creme de abóbora, manteiga com avelãs, molho pesto e queijo azul. A salada de folhas, vinagrete de ervas, pêssego assado, queijo duro e *cracker* de semente de funcho foi a opção mais acertada da noite. Antes do susto, deu tempo de comer uma entrada de alcachofra e cebola assadas, com pasta de alho negro e queijo feta. Procurei entender a tensão, que durou três dias e começou assim que entrei no país. Israel estava preparada para essas situações. O acordo para cessar fogo foi determinado já na noite de domingo. Mais tarde, li uma nota sobre o episódio em um jornal brasileiro. A prisão de um líder palestino pelo exército israelense havia provocado a represália.

No Claro, não vi a porta do cofre mantida intacta, da época do banco, nem o túnel construído para aproximar as uvas, separada por uma estrada da produção do vinho – o prédio foi restaurado e recebeu pouca intervenção –, mas conheci um pouco da cozinha mediterrânea do veterano chef Ran Shmueli. Triste o país viver em conflito. Impossível esquecer.

MARGILAN
Tel Aviv

Deu para sentir um pouco de medo. O táxi se afastava da cidade e, afinal, eu já tinha sobrevivido a uma ameaça de bomba. Vira daqui, vira dali, chegamos em uma casa simples de bairro. Estamos na Tel Aviv antiga. Esperamos um pouco, logo uma mesa vagou. Entramos no Margilan, onde trabalham os pais, os filhos e os netos. Um pouco ressabiadas, com o cardápio em mãos, fizemos nossas opções pelos pratos árabes conhecidos. Levantei-me para escolher uma cerveja no bar e, quando voltei, minha amiga avisou que uma das proprietárias tinha vindo até a mesa e mudado todo o pedido. Fiquei mais feliz, ia conhecer os sabores de Bukharan.

Os judeus da Ásia Central são chamados de bucaranos, descendentes de uma comunidade do Emirado de Bucara, da Rússia Imperial de 1860. Vieram as comidas. Primeiro, um caldo com *dumplings* de carne, aqueles pasteizinhos cozidos, uma *dushpara*, acompanhado de um prato raso de coentro. É comum, comem muito e faz toda a diferença, mesmo assim achei um exagero. Deve ter sido um caldo como esse, "restaurador", servido a viajantes cansados, que inspirou a origem do nome do lugar que conhecemos hoje por restaurante. Depois, veio um par de *gyozas* em um formato diferente, mais achatado e comprido. O arroz com cenoura e carne, bem-temperado com especiarias, veio na sequência. Pepino em conserva, repolho, molho de tomate e de pimenta acompanharam. Não tirei foto do cardápio, retirado às pressas da mesa, nem consegui anotar o nome de todos os pratos – cometo esse erro às vezes, para o meu desespero. Na minha memória, só o nome da sopa.

JURO QUE VOU

Do ritmo frenético, com viagens curtas e intensas, devagar vi que elas me transformavam. Termino irreconhecível. Comecei comilona, com fome de novidades. Agora, fujo de degustações exageradas. Considero-me quase vegetariana – já fui um dia, quando, na adolescência, me dei conta do sofrimento animal. Nessa época, também não consumia açúcar, farinha e sal refinados, os nocivos três pós brancos. Hoje, sigo incoerente, pois sonho e como quando posso um abade de Priscos – o pudim de gemas, açúcar e gordura de porco, tão doce de quase doer. Prefiro consumir carnes só em pequenas quantidades e de boa procedência – um privilégio de poucos.

"O planeta está prestes a explodir. Enquanto isso, 'essa' gente ri e bebe", escreveu o jornalista José Castello em uma crônica. O mundo desaba, passa fome e eu entrego endereços de prazer. Vida vazia, penso. Para Shakespeare, um teatro. Sábio. E todos na tentativa de dar sentido ao viver. Buscar um propósito. Foi assim que um dia a gastronomia entrou na minha vida. Devo ainda dizer que carrego ilusões, sou impressionável e talvez devesse me afastar da literatura despontando na esquina. Tento pelo menos unir os dois mundos. A causa social de inclusão pela gastronomia me move e guardo o desejo de que todas as pessoas no mundo possam ter o que comer e que seja uma comida bem-feita, saudável e de qualidade. Claro que continuo a procurar uma refeição inesquecível e quero sempre que eu não seja a única a experimentar. Então, conto.

POSFÁCIO
por Rosa Moraes

A missão que Jussara me deu não é tarefa fácil. Posfácios têm um papel claro a cumprir, trazendo uma reflexão nova no final do livro. Mas, quando terminei a leitura, já tinha claro o que gostaria de compartilhar. Há muita preciosidade no trabalho que Jussara reúne em *Juro que comi*. A coletânea de textos escritos ao longo dos anos de viagens e aventuras a bordo dos melhores restaurantes da Espanha, da França, da Itália e outros países pelos quais a jornalista passeia traz uma impressão pessoal e, ao mesmo tempo, universal da gastronomia nas últimas décadas. Pessoal porque, em tempos de POV (expressão que se popularizou nas redes sociais), partimos do ponto de vista singular de Jussara sobre cada experiência, comendo com os olhos o clima do dia antes de abrir a porta do lugar que estamos prestes a conhecer e sentindo o encantamento pelo aroma da cozinha, a expectativa, a percepção de cada detalhe do ambiente ou gesto no salão.

Mas digo que é também universal porque há todo um estudo e uma pesquisa de entrelinhas feitos sobre os contextos de época e a construção dos sabores em cada local. É por isso que este livro atemporal não apresenta somente endereços atuais, mas resgata estabelecimentos que já fecharam as portas: a marca que deixaram na evolução da alta-mesa – e da boa mesa – é indelével; a forma com que revolucionaram a arte culinária é caminho sem volta, que merece ser trilhado também pela leitura.

A escolha dos estabelecimentos que compõem o roteiro não é aleatória. A partir dos diferentes conceitos por trás de cada restaurante, revela-se aos poucos a cultura gastronômica dos países em questão, em uma colcha de retalhos coesa que fala muito sobre a identidade da cozinha desses diferentes povos. E é pelas palavras de Jussara, quase em tom de diário intimista, que esse mundo gastronômico de múltiplos idiomas e saberes se descortina, para que possamos sonhar em um dia ver com nossos próprios olhos, conhecer, provar e levitar na mesma medida. E também para que possamos nos inspirar em um dia a dia mais leve.

Como diz a autora, falar em educar o paladar em um mundo que passa fome pode parecer insensato. Mas, além da função essencial da comida, que é alimentar, é importante que a gente se permita apreciar. Da exuberância que existe em experimentar um vegetal como veio ao mundo, com intervenção mínima de quem estudou o ingrediente, ao privilégio de ter contato com o pioneirismo desafiador de alguns gênios da cozinha, tudo precisa ser vivido como o momento especial que é. E que seja um movimento sem culpa, a cada oportunidade que tivermos de estar à mesa, em casa ou mundo afora. A gastronomia há tempos vem deixando de ser esse universo distante e possível apenas para poucos para se tornar uma voz ativa no combate à fome e na luta pela sustentabilidade. A cozinha se mostra, cada vez mais, uma potente ferramenta de transformação social, quando se percebe que tudo começa no campo, em quem produz, e passa por muitas mãos até o prato chegar à mesa.

A leitura de *Juro que comi* nos transporta por esse espaço em que cada bocada é uma história inteira; cada lugar é um mundo em si, com vidas que se entrelaçam e dão propósito umas às outras e àquilo que se serve. E uma sugestão que deixo para quem sentir certa nostalgia no final de tudo é reabrir o livro de vez em quando, ao acaso, e rever uma passagem, um almoço, um jantar. Há de ser uma lufada de ar fresco – receita certeira para tornar os dias difíceis mais amenos, os dias tranquilos mais otimistas e o amor pelo ato de comer mais pleno e consciente, seja em um restaurante premiado, à mesa do PF do bairro, provando a fruta fresca na banca da feira de rua ou sentindo o perfume do pão que acaba de sair do forno na padaria. Apreciar é preciso.

Rosa Moraes é embaixadora de gastronomia e hospitalidade da Ânima Educação e presidente para o Brasil do *The World's 50 Best Restaurants* e do *Latin America's 50 Best Restaurants*.

A QUEM AGRADEÇO?

O usual aqui seria agradecer, primeiramente, quem me abriu os olhos e mostrou as possibilidades para eu estar inteira nestas folhas: Sueli Antunes Hadisch. O amor da vida, a quem dedico o livro. Meus pais, Ariel e Dede (*in memoriam*). Quem me amparou e cresceu comigo, a Dorinha. Quem me ensinou, entre tanta gente, Ariel, meu irmão. Quem apoiou e deu forma ao *Juro que comi*, este livro não sairia sem a Esc. Escola de Escrita e a Julie. Quem abriu páginas para começar essas narrativas: na revista *Ideias*, Fábio; no *Bom Gourmet*, Andréa e Deise; na *TOPVIEW*, Marcus. Quem indicou lugares: Alê Forbes, Bernardo Fonseca, Jacques Trefois, João Ferraz, Josimar Melo, Luciana Bianchi, Manu Buffara, Maria Canabal, Rosane Upper, Teresa Vivas. Quem embarcou junto em algumas viagens: Nancy; Zi e Cacá Fonseca; Beto e Neli; Roselena, Márcia e Manu; Regina; Gisah; Patrícia; Tina; Rosane; Eva. Cris e Paola, da NomadRoots, que confiaram nas minhas indicações e organizaram uma ida em grupo a Paris. Quem me levou para aventuras especiais: Gursandesh e Lilian.

ÍNDICE DE RESTAURANTES

10 William Street, **224**
41 Grados – Enigma, **42**
Abri, **71**
Al Mercato, **85**
Al Pont de Ferr, **83**
Alain Ducasse au Plaza Athénée, **59**
Antica Macelleria, **94**
Antica Trattoria della Pesa, **89**
Arkhe, **115**
Arzak, **45**
Asador Etxebarri, **33**
Astrance, **68**
Astrid y Gáston, **173**
Atoboy, **213**
Bar do Néstor, **38**
Belcanto, Encanto, Cantinho do Avillez, **110**
Benoit, **69**
Billy Kwong – Lucky Kwong, **224**
Blanca, **207**
Bodega 1900, **48**
Boragó, **188**
Breizh Café e Délices du Shandong, **75**
Café Prunier, **67**
Café Origem, Caffe Tamati, La Bonne Patisserie, **240**
Can Roca, **40**
Central, **168**
Chef's Table at Brooklyn Fare, **210**
Chez Panisse, **215**
Chez Wong, **170**

Clamato, **71**
Claro, **244**
COI, **202**
Comida Independente, **104**
Costa Sigieri, **90**
Cumulus Inc., **226**
D!Vineria, **91**
Dickens Bar, **38**
Djuret, **146**
Dondoli e Dell'Olmo, **92**
Dos Cielos e Cocina Hermanos Torres, **42**
Dos Palillos, **41**
El Celler de Can Roca, **30**
El Fervor, Sucre, San Juanino, Casa Cavia, **181**
El Preferido de Palermo, **181**
elBulli, **44**
Eleven Madison Park, **204**
Elkano, **32**
Els Casals, **35**
Essencial, **114**
Estela, **206**
Fäviken Magasinet, **144**
Firedoor, **223**
Frantzén, **147**
Gambrinus, **105**
Geralds Bar, **228**
Geranium, **157**
Guzina Oaxaca, **194**
Harry's Bar Cipriani, **86**

Hedone, **126**
Hibiscus, **129**
Hotel Bairro Alto, **112**
Koya, **124**
L'Ambroisie, **73**
L'Arpège, **69**
La Manduca de Azagra, **39**
La Mar, **174**
La Picantería, **175**
La Table d'Aki, **64**
Le Bernardin, **205**
Le Chateaubriand, **58**
Le Cinq, **74**
Le Meurice, **72**
Le Ribouldingue, **76**
Le Servan, **61**
Maido, **171**
Margilan, **247**
Martín Berasategui, **49**
Mashya, **241**
Matbaren e Matsalen, **149**
Milos, **204**
Minamishima, **227**
Miznon, **63**
Momofuku, **214**
Mugaritz, **29**
Nerua, **45**
Noma, **154**
NoMad, **202**

Norbulingka Institute Monastery, **234**
O Nobre, **117**
Oriol Balaguer, **46**
Osso, **168**
Osteria della Corte, **95**
Osteria Francescana, **83**
Ottolenghi, **128**
Parrilla Don Julio, **180**
Pâtisserie des Rêves, Hugo et Victor, Patrick Roger e
Jean-Paul Hévin, **77**
Pica Pau, **106**
Pigmeu, **111**
Puccini Bomboni, **137**
Pujol, **195**
Pure Soul Cafe & Organic Kitchen, **234**
Quimet & Quimet, **47**
Quintonil, **196**
Ramiro, **102**
Ribeyro Casa Sutil, **172**
Ristorante Osteria da Fiore, **93**
Russ & Daughters e Katz's, **212**
Salsa e Coentros, **119**
'Saluhall, **144**
Scott's, **125**
Sem, **107**
Senhor Uva, **102**
Septime, **66**
Sketch, **127**
StreetXo, **48**

The College, **136**
The Ledbury, **124**
Tipo 00, **225**
Vinkeles, **137**
Volemose Bene e Al Garghet, **90**
Yaffo, **243**
Yam'Tcha, **65**
Ze Kitchen Galerie, **57**

https://jussaravoss.com.br

Como você sabe, as cidades são vivas e, ao mesmo tempo que abrigam a chegada de restaurantes incríveis, veem, a contragosto, outros encerrarem suas histórias. Por conta disso, o jeito mais fácil de manter esta espécie de guia atualizado é por meio deste *QR code*. Aqui, você encontra endereços e *status* de cada um dos lugares visitados.

O mais legal de você levar este livro para casa é que parte da renda arrecadada será destinada à Gastromotiva.

Bom apetite!

1ª edição [2024]

Este é o livro nº 18 da Telaranha Edições.
Composto em Gastromond e Utopia Std, sobre papel
pólen 80 g, e impresso nas oficinas da Maxi Gráfica
na primavera de 2024.